◆学校心理辅导实务丛书◆　丛书主编　吴增强

怎样运作学校心理辅导室

Zenyang Yunzuo Xuexiao Xinli Fudaoshi

杨彦平　王洪明　鞠瑞利　著

上海科技教育出版社

图书在版编目(CIP)数据

怎样运作学校心理辅导室/杨彦平,王洪明,鞠瑞利著.—上海:上海科技教育出版社,2016.7(2020.11重印)
(学校心理辅导实务丛书/吴增强主编)
ISBN 978-7-5428-6419-2

Ⅰ.①怎… Ⅱ.①杨… ②王… ③鞠… Ⅲ.①心理辅导—教学研究—中小学 Ⅳ.① G479

中国版本图书馆 CIP 数据核字(2016)第 116092 号

责任编辑　李　莹　李向红
封面设计　李梦雪

学校心理辅导实务丛书
吴增强　主编

怎样运作学校心理辅导室
杨彦平　王洪明　鞠瑞利　著

出版发行	上海科技教育出版社有限公司 (上海市柳州路218号 邮政编码200235)
网　址	www.sste.com　www.ewen.co
经　销	各地新华书店
印　刷	上海师范大学印刷厂
开　本	787×1092　1/16
印　张	10
版　次	2016年7月第1版
印　次	2020年11月第2次印刷
书　号	ISBN 978-7-5428-6419-2/G·3663
定　价	38.00元

《学校心理辅导实务》编委会

主　编

吴增强

编　委（按姓氏笔画排列）

王洪明　朱仲敏　杨彦平　吴增强　蒋薇美　廖静瑜　鞠瑞利

丛书总序

随着学校心理健康教育不断推进,心理辅导教师作为一支重要的专业队伍正在逐步形成和发展。我国的心理健康教育起步于20世纪80年代中期,经历了30年的发展,从无到有,从教育、卫生系统等专业机构的积极探索到政府部门的大力推进,取得了很大的进展。但同国外发达国家乃至台湾地区相比,我们学校心理辅导教师的专业化水平还是比较低的。一方面职前专业训练体系不完善,国内目前高校设立的临床心理学、咨询心理学、学校心理学专业方向的历史还不长,专业课程和专业训练也不尽成熟,致使进入学校的心理学背景毕业生的专业能力先天不足;另一方面职后继续教育与督导体系不完善。在美国或者我国台湾地区,一个新手心理咨询师做临床个案时需要接受资深心理咨询师的督导,而在国内特别是中小学心理辅导教师接受督导的机会少之又少。这与广大中小学心理辅导教师对专业的高度热情和强烈学习愿望又形成了巨大的反差。目前,各种心理咨询与辅导的专业书籍琳琅满目,使读者目不暇接。但是结合本土实践的学校心理辅导操作手册尚不多见。上海科技教育出版社凌玲副总编数次和我商议,可否为一线的中小学心理教师、班主任写一套既有专业性又有操作性的心理辅导丛书,并委派宁嘉炜、张蕊编辑前来策划丛书编写方案。

学校心理辅导教师主要任务是:承担心理健康教育课程教学、学生个别辅导、学校心理健康教育活动,学校心理辅导室建设与运作等等。据此,本丛书包含以下四本:《怎样上好心理课》《怎样做好个别辅导》《怎样开展学校心理健康教育活动》《怎样运作学校心理辅导室》。

《怎样上好心理课》,以学生成长为主线,由八个专题模块组成,包括生命意识、生活适应、人际交往、情绪管理、学习发展、青春健康、自我认识、生涯发展。从理论与实务和专题与教案两方面,对心理健康课教学的重点、难点进行了梳理、分析,给广大心理辅导教师提供教学指导意见。

《怎样做好个别辅导》,在简要介绍个别辅导的基本程序和注意要点之后,将中小学生常见心理困惑的辅导按照专题分章讨论,具体包括:自我与人格辅导、情绪辅导、学习心理辅导、青春期心理辅导、人际关系辅导、行为问题辅导和青少年危机辅导。结合具体个案,与广大读者分享对中小学生个别辅导的经验。

《怎样开展学校心理健康教育活动》,介绍了中小学开展的各种形式的心理辅导活动,包括学校心理健康活动周、小组辅导、心理社团、心理剧、朋辈辅导等。对中小学如何开展学校心理辅导活动进行了分析探讨,并给读者提供了具体的学校心理辅导活动案例和具体操作方法。

《怎样运作学校心理辅导室》,介绍了中小学心理辅导室的规划、建设使用和制度建设,学生心理测评和心理档案管理,以及学校心理辅导伦理。目前各地许多中小学都建有心理辅导室,但是如何发挥心理辅导室的功能,使之成为学校开展心理健康教育的中心,本书为读者提供了具体的、可操作的实例和建议。

这套丛书的共同特点是融科学性、专业性与实践性、通俗性于一体。它是为广大中小学心理教师提供辅导理论和实践的桥梁。一是,把心理辅导的理论通过案例、课例转化为心理辅导教师可以实际操作的手册。二是,参与丛书编写的人员大多数是来自一线的心理辅导教师,通过丛书撰写对丰富的实践经验加以理性提升,为读者提供有益的启示。

本丛书得以出版,理应感谢丛书编委会的各位老师和参与各册撰写的各位老师,也感谢凌玲副总编,宁嘉炜、张蕊编辑,她们为本丛书的出版付出了很多辛劳。

希望丛书的出版受到广大读者的欢迎,也希望大家多提意见,以便今后不断修改与完善。

吴增强
2016年2月于上海

前言

2012年12月,教育部颁布了《中小学心理健康教育指导纲要》(以下简称《纲要》),这是继2002年教育部颁发同类文件10年之后,从国家层面对心理健康教育工作重要性的再次强调。文件对中小学心理健康教育工作的指导思想、方法和途径等做了明确规定,如《纲要》指出:"心理辅导室是心理健康教育教师开展个别辅导和团体辅导,指导帮助学生解决在学习、生活和成长中出现的问题,排解心理困扰的专门场所,是学校开展心理健康教育的重要阵地。在心理辅导过程中,教师要树立危机干预意识,对个别有严重心理疾病的学生,能够及时识别并转介到相关心理诊治部门。"此外,教育部对心理辅导室建设的基本标准和规范做出统一规定,即学校心理辅导室既是开展学校心理健康教育的场所,也是重要的标志和保障。

那么如何用好心理辅导室,发挥好心理辅导室的功能,也许开展心理健康教育的老师和学校并不都十分清楚。2014年底,上海科技教育出版社的有关负责人和上海学生心理健康教育中心主任吴增强教授,找到三位作者,看能否写一本有关学校心理辅导室如何运作的参考书,供学校心理健康教育的老师、领导和相关研究者使用。作者怀着忐忑的心情答应下来,一方面觉得这样的书是一线心理辅导老师所需要的,另外一方面也是想把自己在这方面的经验、心得、思考与大家分享。

国内关于如何开展心理辅导工作的著作不少,但聚焦如何来运作心理辅导室的书籍基本没有。接下写作任务后,作者听取了上海市教育科学研究院吴增强教授的建议,也了解了出版社对书稿的要求,把写作的思路聚焦到心理辅导室运作的"软件"(如制度、管理、平台等方面)和"硬件"(设备、投入、保障等方面)两方面,主要是让心理辅导室"活"起来,让心理辅导室的功能布局合理,物尽其用,人尽其才。

当前国家和地方都十分重视学校心理健康教育工作,花费了大量的人力、物力和财力支持学校开展这方面的工作,尤其是对心理辅导室的投入,少则几万,多则几十万甚至上百万。如何把心理辅导室(中心)建设好、运作好、管理好,既是对国家在心理健康教育投资上的负责,也是对广大中小学生心理健康教育的责任,同时也有助于学校心理辅导教师专业能力与专业精神的提升。基于这样的思考,我们三位作者通过调查、沟通、资料查阅,初步确定本书的写作框架:学校心理辅导室的功能布局、管理制度、档案管理、心理测试平台建设以及可能涉及的咨询伦理等。在书稿的提纲拟定后也听取了部分心理学专家、教师的建议,最终确定了四个板块:心理辅导室的功能布局、心理辅导室的制度建设与管理、学校心理测评与档案建立、学校心理咨询伦理。

在写作过程中,三位作者经常互通有无,相互交流,一起研讨,力争把自己负责的章节写得具体、有效、可操作。鞠瑞利老师是上海市最年轻的心理特级教师之一,耕耘在上海心理健康教育的第一线,有较丰富的心理辅导的实践经验和理论积淀,他所在的上海市七宝中学，是教育部首批心理健康教育特色校，所以他负责撰写第一章"学校心理辅导室的规划与建设"。王洪明老师是教育学博士，对心理咨询伦理有比较深入的研究与思考，也承担过相应的课题研究，他撰写了本书第五章"学校心理咨询伦理"。另外，结合王洪明、鞠瑞利两位老师的优势，他们合写了第二章"学校心理辅导室的使用与制度建设"。杨彦平老师是心理学博士，有14年从事学校心理辅导的经验，专业领域是心理测评，所以他写了第三章"学校心理测评"和第四章"学校心理档案的建立"。三位作者在本书的写作过程中，深感责任重大，不敢懈怠，好在有编辑和本套丛书主编吴增强教授的信任，三人竭尽全力完成了本书的写作。

本书作者希望本书能够成为学校心理健康教育工作者、研究者和爱好者的参考书，并通过学校心理辅导室的建设，促使相关人员注重学校心理档案与测评数据的积累，提升心理健康教育的专业水平，促进学生的健康、快乐成长。当然，限于作者的水平和时间，本书尚有很多不足之处，恳请各位同行、同道指正。

本书作者
2016年5月于上海

目 录

第一章　学校心理辅导室的规划与建设 ⋯⋯⋯⋯⋯⋯⋯⋯⋯⋯⋯⋯⋯⋯⋯ 1
　第一节　心理辅导室的功能定位及建设原则 ⋯⋯⋯⋯⋯⋯⋯⋯⋯⋯⋯⋯ 1
　第二节　心理辅导室建设的布局规划和方案设计 ⋯⋯⋯⋯⋯⋯⋯⋯⋯⋯ 6
第二章　学校心理辅导室的使用与制度建设 ⋯⋯⋯⋯⋯⋯⋯⋯⋯⋯⋯⋯⋯ 32
　第一节　学校心理辅导室的使用 ⋯⋯⋯⋯⋯⋯⋯⋯⋯⋯⋯⋯⋯⋯⋯⋯ 32
　第二节　学校心理辅导室的管理制度 ⋯⋯⋯⋯⋯⋯⋯⋯⋯⋯⋯⋯⋯⋯ 39
　第三节　学校心理辅导室的使用制度 ⋯⋯⋯⋯⋯⋯⋯⋯⋯⋯⋯⋯⋯⋯ 47
第三章　学校心理测评 ⋯⋯⋯⋯⋯⋯⋯⋯⋯⋯⋯⋯⋯⋯⋯⋯⋯⋯⋯⋯⋯ 52
　第一节　学校心理测评的基本方法 ⋯⋯⋯⋯⋯⋯⋯⋯⋯⋯⋯⋯⋯⋯⋯ 52
　第二节　常用学校心理测验工具 ⋯⋯⋯⋯⋯⋯⋯⋯⋯⋯⋯⋯⋯⋯⋯⋯ 63
　第三节　学校心理测评的基本过程 ⋯⋯⋯⋯⋯⋯⋯⋯⋯⋯⋯⋯⋯⋯⋯ 83
　第四节　学校心理测评的基本原理 ⋯⋯⋯⋯⋯⋯⋯⋯⋯⋯⋯⋯⋯⋯⋯ 86
第四章　学校心理档案的建立 ⋯⋯⋯⋯⋯⋯⋯⋯⋯⋯⋯⋯⋯⋯⋯⋯⋯⋯ 94
　第一节　大数据背景下的学校心理测评与心理档案建立 ⋯⋯⋯⋯⋯⋯ 94
　第二节　学校心理档案管理系统的建立 ⋯⋯⋯⋯⋯⋯⋯⋯⋯⋯⋯⋯⋯ 99
　第三节　学校心理档案的拓展与应用 ⋯⋯⋯⋯⋯⋯⋯⋯⋯⋯⋯⋯⋯⋯ 108
第五章　学校心理咨询伦理 ⋯⋯⋯⋯⋯⋯⋯⋯⋯⋯⋯⋯⋯⋯⋯⋯⋯⋯⋯ 119
　第一节　学校心理咨询伦理概述 ⋯⋯⋯⋯⋯⋯⋯⋯⋯⋯⋯⋯⋯⋯⋯⋯ 119
　第二节　知情同意 ⋯⋯⋯⋯⋯⋯⋯⋯⋯⋯⋯⋯⋯⋯⋯⋯⋯⋯⋯⋯⋯⋯ 128
　第三节　保密原则 ⋯⋯⋯⋯⋯⋯⋯⋯⋯⋯⋯⋯⋯⋯⋯⋯⋯⋯⋯⋯⋯⋯ 136
　第四节　多重关系 ⋯⋯⋯⋯⋯⋯⋯⋯⋯⋯⋯⋯⋯⋯⋯⋯⋯⋯⋯⋯⋯⋯ 143

第一章

学校心理辅导室的规划与建设

第一节 心理辅导室的功能定位及建设原则

一、设立心理辅导室的必要性

中小学开展心理健康教育,既是学生自身健康成长的需要,也是社会发展对人素质要求的需要。

在美国,几乎所有的学校都设有心理咨询中心或学生心理辅导室,即使是条件比较差的农村学校在所属的学区内也有类似的机构为学生服务。这些机构要做的工作是在新生入学时,为新生进行心理测量,建立心理档案,安排系统且全面的心理辅导,如各种心理辅导讲座、系列心理测量、学习心理咨询、人际关系咨询、行为习惯咨询、青春期咨询等。辅导机构的职能主要有鉴别评估、心理干预与治疗、心理教育规划、随访病例等。

随着教育改革的深化,素质教育的贯彻落实,以及社会对全面发展人才的需要,我们国家的校园心理健康教育越来越受到社会各界的重视。

1. 设立心理辅导室是构建和谐校园的基本保障

党的十六届四中全会提出了构建和谐社会的目标,建设和谐校园是和谐社会建设的应有之义,而设立专业的心理辅导室是构建和谐校园的基本保障之一。随着知识经济时代的到来,人们在学习、就业和工作等各方面的竞争日趋激烈,心理压力越来越大。特别是中小学生这一群体,家长关注、教师关注、社会关注甚至全民关注,然而,长期以来,不少人却忽略了与他们发展息息相关的心理健康问题。激烈的竞争,繁重的学习压力和复杂的社会环境,使校园心理问题日益突出。当前,无论是教师还是学生都有相当一部分人的心理处于亚健康状态,在特定的诱因下就会变成心理障碍甚至是心理疾病,使人做出疯狂的事情。专业的心理辅导与咨询能向青少年提供如何解决学习中注意力不集中的问题,提高记忆力;如何解决在集体中的人际关系问题;如何进行心理调整,保持心理平衡等方法。心理辅导与咨询往往使得因各种压力造成的心理问题自然得到缓解乃至消除,化解心理危机,降低校园暴力。专业心理咨询,不仅能帮助学生解除烦恼,还能帮助教师处理好当前遇到的各种困惑。

总之,在学校设立专业的心理辅导室,不仅能帮助学生解决已出现的心理问题,为师生的心理健康提供保障,还能避免不健康心理的出现,使学校真正达到"育人""树人"的目的,有助于构建和谐校园。

2. 设立心理辅导室是落实国家教育政策的需要

1999年8月,教育部在《关于加强中小学心理健康教育的若干意见》中指出:"已经开展中小学心理健康教育的地方和学校,要在认真总结经验的基础上,进一步推进心理健康教育的开展和深入;目前还未开展教育的地方,要积极创造条件,从2000年秋季开学起,大中城市有条件的中小学要逐步开展心理健康教育。小城镇及农村的中小学也要从实际出发,逐步创造条件开展心理健康教育。"

2002年,教育部制定印发了《中小学心理健康教育指导纲要》,明确规定:"大中城市具备条件的中小学校要逐步建立和完善心理咨询室或心理辅导室(配置专职人员)。"

由于心理辅导室是开展心理健康教育工作的重要场所,学校的许多心理健康教育活动都要在心理辅导室进行,科学规范的心理辅导室是心理健康教育工作的关键。自心理健康教育指导文件相继颁发以后,社会越来越关注中小学生心理健康教育,各级教育行政部门和学校也在积极为心理健康教育创造必要的条件。

2008年,卫生部等17部门联合颁发《全国精神卫生工作体系发展指导纲要(2008年-2015年)》,指导纲要明确提出:"到2010年中小学建立心理健康辅导室、设置专职教师并配备合格人员的学校比例,城市要达到40%、农村达到10%;2015年城市达到60%、农村达到30%。"

2012年底,教育部发布了《中小学心理健康教育指导纲要(2012年修订)》,在第四项第九条中再次强调了心理辅导室建设的重要性,明确指出:"心理辅导室是心理健康教育教师开展个别辅导和团体辅导,指导帮助学生解决在学习、生活和成长中出现的问题,排解心理困扰的专门场所,是学校开展心理健康教育的重要阵地。"

2015年7月29日,教育部办公厅印发了《中小学心理辅导室建设指南》(以下简称《指南》),《指南》明确了中小学心理辅导室的建设目标、功能定位、基本设置和管理规范。《指南》还提出心理辅导室建设应坚持立德树人,以促进学生健康发展为根本,心理辅导室软、硬件设施配置需遵循中小学生身心发展特点和心理健康教育规律,重在提供心理辅导和心理健康服务,通过向学生提供发展性心理辅导和心理支持,提高全体学生的心理素质,培养他们积极乐观、健康向上的心理品质,促进学生身心和谐可持续发展,有效适应学校生活和社会公共生活,为他们快乐学习、健康成长和幸福生活奠定坚实基础。

总之,国家下发一系列的文件,旨在强调心理辅导室是学校开展心理健康教育工作的重要场所,对提高全体学生心理素质,预防和解决学生心理行为问题发挥着重要作用。各个学校应该认真落实国家有关心理健康教育开展和心理咨询室建设的相关文件政策,把建设科学规范的心理辅导室作为学校心理健康教育工作的一项重要内容去落实。

二、心理辅导室的功能定位及工作职责

学校心理辅导室的功能定位,既决定了它在整个学校心理健康教育系统中的地位和所扮演的角色,也决定了它如何发挥自己的功能、如何配备辅导人员、如何实施管理等一系列问题,而这些问题最终又决定了心理辅导室的运转绩效及对其评估。因此,心理辅导室的功能定位是建设学校心理辅导室时首先要考虑的问题。

要探讨学校心理辅导室的功能定位,就必须首先要明确学校心理辅导工作所应秉承的教育理念。学校教育在于促进学生的全面发展,但在遗传素质、社会环境、教育机会等均有

较大差异的情况下,如何促使个体在适应的基础上获得最有效的发展,使其潜能和人格得到充分的发挥和完善,这才应该是我们学校教育工作应当共同关注的问题。从学校心理辅导的对象来看,其对象是人,而不是问题,心理辅导针对的问题大都是学生在成长中遇到的一些心理困惑和问题,因此,学校心理辅导的重点应该是根据学生成长的特点,实施发展性、成长性心理辅导。当然,对有个别心理辅导需求的学生,还是要采取个别辅导的方式,帮助个体走出心理的困惑。总的说来,学校心理辅导室的辅导理念应该以发展性心理辅导为主、障碍性心理辅导为辅,坚持发展与预防、矫治相结合,既要着眼于每个学生心理健康水平的提升,又要加强对个别有严重心理障碍和心理偏差学生的危机干预与转介工作。

(一) 心理辅导室的功能定位

在明晰了学校心理辅导工作所应坚持的辅导理念的基础上,结合理论文献和工作实际,我们认为心理辅导室在中小学心理健康教育工作中有两个主要的角色。

1. 心理辅导室是学校的心理辅导专业机构

心理辅导室是向全校学生、教师和家长开放的开展心理健康教育工作、提供心理辅导的学校机构,其主要任务是:根据学生的心理特点,有针对性地传播心理健康知识,开展辅导或咨询活动;帮助学生树立心理健康意识,增强其心理调适能力和社会适应能力,预防和缓解心理问题;帮助学生处理好环境适应、自我管理、学习成才、人格发展等方面的困惑,提高健康水平,促进学生全面发展。无论是心理健康教育的开展,还是针对学生、家长、教师个体开展一对一或一对多心理辅导,都需要科学合理的心理专业知识和技能,从这个意义上讲,心理辅导室就成为学校的心理辅导专业机构。

2. 心理辅导室是学校心理健康教育的管理和服务机构

心理辅导室作为学校学生工作的一个教育机构,这就决定了它要为学校教育服务,要为学生的总体素质提高、学生成材、学生未来的社会适应能力服务。心理辅导室的主要服务对象是本校学生,主要职能是教育人、培养人,但它不同于医学模式的心理治疗,也不同于社会工作模式的心理咨询,它要对学生心理障碍和行为进行有针对性的辅导矫正,而且要使学生的性格朝着良性方向发展。从这个角度讲,学校的心理辅导室又与学校教育功能和德育工作有着千丝万缕的联系,是学校德育工作的组成部分和重要补充。此外,它作为学校管理系统中的一个重要处室,客观上承担着心理教育管理的责任,它要积极组织学校心理健康教育工作,积极协调与指导班主任开展班级心理教育工作,只有充分履行其职责,学校的心理健康工作才能有效开展,从这个意义上讲,学校心理辅导室扮演着协助校领导进行心理健康教育管理的重要角色。

综合思考学校心理辅导室的角色定位,学校心理辅导室应该承担着心理辅导专业服务与心理教育专业管理双重角色。

(二) 心理辅导室的工作职责

了解学校心理辅导室的功能为我们明确心理辅导室的工作职责提供了方向。一般来说,学校要依托心理辅导室面向全体学生开展心理健康教育工作,以预防为主、防治结合、重点干预、广泛覆盖的原则为指导,一方面,能够有效帮助学生疏导心理压力,解决心理问题,预防和干预恶性事件的发生及影响；另一方面，可以提高全体学生的心理素质，培养学生乐观、向上的心理品质，帮助他们发掘潜能，完善人格，促进学生身心健康全面发展。因此，学校的心理辅导室一般是在学校校长或德育校长的直接领导下，按照学校心理健康教育和心理辅导工作的发展规划，制订学校心理辅导室实施计划，协助辅导教师、家长和班主任开展各项心理工作，主要有以下工作职责。

1. 开设心理健康教育课和心理健康活动，普及心理健康知识

学校心理辅导室需要根据学生心理发展特点和身心发展规律，面向全校学生开设心理辅导活动课或相关的心理健康教育活动，如入学适应性调节、考前减压、专业选择咨询和升学指导等活动，使学生对心理健康教育有积极的认识，帮助学生充分认识自身的个性、能力特点，培养学生乐观、向上的心理品质，帮助他们发掘潜能，使他们的心理素质逐步得到提高，促进其健康人格的形成。

2. 向学生提供多种形式的心理辅导与咨询服务

心理辅导室应该为有个别心理帮助需求的学生提供个别化的心理辅导与咨询服务，如开展小组及个别咨询和辅导工作等，解决其面临的心理困惑和难题。同时，心理辅导室也应为有共性心理需求的学生或团体提供团体心理辅导。此外，为了为学生提供更加具有个性化的心理辅导与咨询，心理辅导室还应该提供电话咨询、信箱咨询、网络咨询等多样化的心理辅导形式。

3. 建立学生心理档案，做好心理危机预防

心理辅导室需要通过心理测量等方法途径，建立学生心理档案，对学校整体环境下学生的心理健康水平进行监控。对具有严重心理问题的学生，及时发现，主动向家长或监护人提出建议，并将其转介到相关专业心理咨询和治疗机构，和家长一起采取积极有效的干预措施，避免发生重大的心理恶性事件，预防心理危机的发生。

4. 培训教职工心理健康教育知识和技能，加强心理教育教师队伍建设

心理辅导室的工作对象不仅面向学生，也需要对学校教职员工进行心理健康教育知识和操作技能的培训，主要包括中小学心理辅导的一般原理和辅导技能，教师自身的心理调节与保健以及正确使用心理测评系统对学生进行心理测评的培训，提高教师心理辅导的工作能力和工作效率。

5. 为家长提供家庭教育相关知识技能

学校心理辅导室应该作为学校和家庭沟通的有效桥梁。心理辅导室不仅要为学校学生的心理发展和个体心理品质的优化完善服务，而且也应该向家长提供有关亲子关系和家庭教育的咨询，指导家长正确认识孩子的心理特点和成长规律，实施恰当有效的家庭教育。

三、心理辅导室建设的原则

心理辅导室作为学校开展心理健康教育的重要阵地，在建设过程中需要遵循以下原则。

1. 科学性原则

心理辅导室不是简单的办公室、会议室，其建设除具备办公、会议等功能之外，还应有心理教育的功能和心理辅导的氛围。因此，在进行心理辅导室建设的时候，心理辅导室位置的

选择、区域的划分、硬件的配置以及颜色的设计等方面都需要遵循儿童心理学、发展心理学、咨询心理学、颜色心理学等相关的心理学理论,使心理辅导室的建设具有一定的科学性。

2. 人性化原则

心理辅导室环境的设计要遵循人性化设计原则。心理辅导室的规模和知名度固然重要,但辅导室的环境氛围同样重要,这里所谓的"环境氛围"是指周围环境所营造的气氛和情调,是个体置身某一场所或环境时产生的心理效果或感觉。因此,心理辅导室设计在选址、装修、摆设中的热环境质量、声环境质量、空气环境质量以及光环境质量乃至贴图技巧、色彩配置等方面除了要具有一定的科学性外,还要贯穿以人为本的设计理念,营造出一种充满对人性的理解、尊重和关怀的环境氛围,给来访者以深刻的人文氛围体验。

3. 生本性原则

学生是学校开展心理辅导的主体,心理辅导室建设的核心目的是为了学生的健康发展,因此,心理辅导室的规划设计与建设应从学生的角度充分考虑,关注他们的所思、所想、所喜、所爱,关注他们的心理成长需求,使得心理辅导室真正成为学生喜爱的心理健康教育活动场所。

4. 通用性原则

心理辅导室的建设应该根据学生身心发展特点,面向全体学生,以全体学生的全面发展为中心,其建设应通透流畅,通过普遍开展个别辅导、团体辅导和活动辅导,逐步提升对学生发展性问题的关注,发展学生对心理健康的积极认知,使其心理素质逐步得到提高。

5. 针对性原则

心理辅导室的建设应遵循学生的成长发展规律,符合学生的年龄特点。同时,关注学生的个体差异,针对不同特点的学生,开展不同形式的心理辅导与咨询服务,比如城市重点学校、城乡结合部学校、农村学校和打工子弟学校等不同学校,其学生的心理需求是不一样的。因此,心理辅导要关注个体差异,根据不同学生的不同需要开展多种形式的心理辅导,提升其心理健康水平,以"学生"为中心,以"教师"为执行者,并以"学生"为心理辅导室建设的主体,充分启发和调动学生的积极性,把教师在心理健康教育中的科学辅导与学生对心理健康活动的主动参与有机结合起来。

6. 独特性原则

心理辅导室的建设除具备基本的心理辅导咨询功能外,每个学校的心理辅导室建设当然不能千篇一律,应当结合学校的性质和办学实际,可考虑心理辅导室建设的差异化和个性化,强调独特性。独特性可以根据本校心理教师的专长进行设计,可以从校长的办学理念引申,也可以是学生比较关注的方面。

7. 量力而行原则

学校心理辅导室的建设需要一定的经费支持。由于不同学校的办学性质不同,办学经费多少不一,特别是经济不发达地区的学校和一些偏远的农村学校,办学经费比较紧张,因此,学校心理辅导室的建设要依据学校的现有经济状况而定。当然,学校领导要多方争取上级教育主管部门的经济支持,力争使辅导室的设备配置达标甚至齐全。除了经费外,学校心理辅导室对场地也存在一定需求,目前大多数学校房屋使用较为紧张,在这种情况下,学校心理辅导室的建设可以在功能优化的情况下,充分借用学校其他的场地资源,如学校在进行大型团体心理辅导的时候,可以借用学校会议室或阶梯教室等。

第二节　心理辅导室建设的布局规划和方案设计

一、心理辅导室建设的整体布局要求

学校心理辅导室是心理老师和学生交流的主要场所,是心理老师开展工作的重要根据地。心理辅导室选址应本着安静和方便的原则,选择采光、通风条件良好的区域,但有些学校在心理辅导室的选址时往往只考虑学校范围内可以"挤"出来的地方,而较少考虑应该选在什么地方,因此造成选址不合理。在环境与硬件建设方面,一些学校要么"一切从简",一张桌子加一把椅子,过于简单;要么一味追求"应有尽有",但在一些细节的处理上往往又有失偏颇,如沙发过软,室内的色调过冷或过暖,过于凌乱,室内线条棱角太多,整个装潢过于高档而使来访者置身其中不免小心翼翼等。实际上,心理教育和心理辅导咨询由于其专业的特殊性而对心理辅导室的建设有特定要求,建设规范的心理辅导室首先要保证基本功能健全,再根据建设地点本身情况、来访者情况,合理地增加发展性功能模块。实施中必须结合实际情况,合理安排各个功能布局,保证最大化利用心理辅导室的整体资源,这就要求从整体上对学校的心理辅导室进行整体规划布局,主要可从以下四方面进行考虑。

第一,温馨性。整体氛围要宁静,不应布置分散学生注意力的物件。辅导室的采光、通风条件要好,温度要适宜。屋内的布置以浅色调为主,给学生以明朗、愉快的感觉,可适当地用鲜花、绿树、盆栽和图画等装饰环境。

第二,隐密性。学生在做心理咨询时,要让他们感受到一种安全感和信任感,辅导室的位置和布置要体现出一定的隐密性。学生所坐的位置应避免门窗方向,不应让学生与突然来访的外人照面。

第三,安静性。嘈杂声会影响学生乃至咨询教师的情绪,会严重影响咨询的效果,心理辅导室要设在相对安静的地方,要达到一定的隔音标准。

第四,宣传性。对很多学生而言,进入心理辅导室可能会紧张。为了更好地帮助来访者获得心理安全感,可在墙上挂有"心理辅导室工作制度""心理咨询师保密制度"等宣传材料。为了更好地帮助来访者消除心理的困惑,也可以在墙壁上挂一些心理箴言、标语等。

(一) 心理辅导室的位置选择

学校心理辅导室的位置选择一般有如下要求。

1. 心理辅导室要选在环境幽雅清静的地方

心理辅导需要安静的环境氛围,为了防止不必要的噪声,心理辅导室的选址最好避开教学区、办公区,远离舞蹈教室、音乐教室、体育场、食堂、学生宿舍、主干道等场所。

2. 心理辅导室要选在明亮舒适的地方

房间的光线是心理辅导室建设需要考虑的一个重要因素。房间最好南向,阳光充足,通风良好,冬要保暖,夏要凉爽,窗外视野宜较开阔。建筑物或房间周围最好有绿色植物,如果透过辅导室的窗户能看到则更佳,要避免选择那些阴暗、压抑的角落作为心理辅导室。

3. 心理辅导室要选在便于来访者出入但又相对隐蔽的地方

对于中小学生来说,由于他们对心理辅导的认识还不深入,对他人的看法非常敏感,害怕别人的议论和误解,因此,不太愿意让老师、同学看到自己出入心理辅导室。在心理辅导室选址的时候,要充分考虑到这种心理因素,不要选在人来人往、一览无余的地方,也不要离校长室、教师办公室太近。有的心理辅导室设在校长室旁边或政教处旁边,使得许多有咨询想法的学生望而生畏,不敢前来咨询。当然,选址的位置也不要离办公区和教学区太远,要使学生想来访的时候,相对比较容易到达。如果太偏僻,虽然安静,但不易来访,无形中就有了距离和阻隔,这种阻隔不仅是空间上的,而且也是心理上的。因此,心理辅导室的位置要在保证便于来访的同时,又要使出入相对隐蔽,否则,会增加来访者的压力。

(二)心理辅导室的色彩和光线要求

心理辅导室的环境应从整体上给人柔和自然,温暖舒适的感觉。它主要体现在以下两方面。

1. 颜色

颜色会影响人的行为和感受,如红色和橙色会给人温暖的感觉,蓝色和绿色则给人凉爽的感觉。若不考虑这些,则极有可能会给人的"健康情绪"带来不利影响。通常心理辅导室宜使用柔和的颜色,一般可以用黄色等暖色调,可以使辅导室显得柔和舒适,也可以选择淡绿色,使辅导室显得清凉平静,使来访者或等候者感觉松弛,尽量不要大量使用太鲜艳的颜色,如红色、明黄色,也不要大量使用暗淡的颜色,如黑色、灰色、褐色等。辅导室顶棚的漆色应选择比较浅一些的色系,而墙面的漆色应选择另一种比顶棚略深的色系,地面材料的颜色要比墙面再深一些,这样可以使空间由地到顶有明显的层次感。

2. 照明

不同的光线条件下,个体的行为和情绪都会受到不同的影响,心理辅导室的光线要柔和,灯光不要太刺眼或太昏暗,最好选用可以调节和控制光线明暗的灯具。一般适宜选用暖光线,因为暖色的光线容易营造出一种温馨亲切的氛围,更符合来访者的心理需求,使来访者对辅导氛围的满意度提高。

为了营造心理辅导室自然开阔、柔和舒适的环境氛围,学校心理辅导室装修的时候最好为每个房间开一扇窗子,如果条件实在达不到,可以在墙壁做出类似窗子的装饰,让人感觉是有窗的房间,这样可减少封闭空间造成的压抑感,使人心旷神怡。

总体而言,学校心理辅导室建设要进行整体的规划,总体上应该注意氛围的营造,房间、地板、窗帘、桌椅、沙发、装饰品整体上要协调,使人赏心悦目,心情愉快。要充分考虑到环境、色彩、光线、声音等因素带来的影响,可以利用心理学中的联觉,用上述因素给来访教师、学生以积极、稳定的暗示,营造一种让来访者感到温馨、平静、放松、舒适和注意力集中的环境。

（三）心理辅导室的名称设计

目前，有相当多的中小学都设置有心理辅导室，在称谓上有许多学校直接使用"××中学心理辅导室"，这样的称谓让人感觉专业色彩浓厚，对于一些对心理辅导认识片面或有误解的同学，往往使得他们不敢前来心理辅导室寻求帮助。为了使心理辅导室更为贴近学生，在设计的时候，可以给心理辅导室起一个亲切的名称，如"阳光心理室""心灵驿站""心灵氧吧""谈心室""青春心理屋""知心朋友屋""快乐小岛""开心乐园"等，这样就从称谓上给人以健康阳光的心理感受。为了更好地体现生本性，学校还可以发动广大学生为心理辅导室起个漂亮的名字，学生的参与会很快拉近学生与心理辅导室的距离，使辅导室成为学生之家。

（四）心理辅导室的功能区划

由于学校办学经费和场地等各种因素的限制，学校的心理辅导室建设应该结合学校的办学实际而进行整体设计。

学校的心理辅导室，一般人都认为是给学生提供个别心理咨询与辅导的"个别心理辅导室"，实际上，我们这里所说的心理辅导室，不仅仅指"个别心理辅导室"，而是一组比较完整的、功能齐全的心理辅导室（区），不同的功能区分别承担不同的功能，通常会包括：办公接待室、心理测量室、个别辅导室、沙盘游戏室、团体辅导室、心理放松室、心理阅览室等。一般中小学心理辅导室的功能选择有三种组合模式：第一种是两个功能室组合，即"个体咨询室+办公室"的组合模式；第二种是三个功能室组合，即"个体咨询室+办公室+团体咨询室"的组合模式；第三种是多个功能室组合，即"个体咨询室+办公室+团体咨询室+其他功能室"的组合模式。

根据学校心理辅导室的整体建设概况，我们也可以把心理辅导室分为两大类：一类是普通型心理辅导室，主要设有办公接待室（兼测量档案室）、个别辅导室、团体辅导室等区域；另一类是高级型心理辅导室，它是在普通心理辅导室架构的基础上，还可以设置沙盘游戏室、心理放松室、心理宣泄室、心理阅览室、心理会议研讨室、心理社团室、心理仪器室等。

当然，这种功能区的划分与设置是相对理想化的，部分条件比较好的学校能够达成，对于一些办学规模小、办学条件薄弱的学校往往很难实现。但是，即使只有一间面积较大的房间，在设计时至少也应该考虑心理工作办公、心理测量、个别心理辅导等功能上的相对完整。

二、心理辅导室的具体方案设计

（一）心理接待室方案设计

心理接待室是指心理咨询前期阶段接待心理来访者的场地。对于场地紧张的学校而言，心理接待室可以和心理办公室或心理阅览室整合在一起，便于教师办公，来访者等待咨询、阅览心理相关报刊杂志和书籍。

1. 功能定位

为来访者提供等候的空间,有些初次来访的来访者精神状态往往较紧张,如不缓冲一下,很难进入放松的情绪状态,这不利于心理咨询的顺利开展。接待室的设立就提供了一个让来访者充分休息或放松的空间,有利于下一步咨询的进行。此外,心理接待室还应为来访者建立预约时间登记,提供接待心理热线,并通过"说明板"向来访者提供各心理辅导老师的相关背景资料、注意事项等,还可以为来访者提供心理学相关书籍、影视,满足心理档案查询、打印等功能。

2. 设计原则

(1) 体现心理辅导室的专业性。辅导室(中心)的名称与标识、咨询预约卡、来访者登记表、咨询流程图等。

(2) 体现对来访者的关心与欢迎。放置书架、饮水机、绿色植物。空间要具有温馨的感觉,因为此室也是来访者进行心理咨询的第一站,要让来访者感觉亲近、平等、自然,不要具有压迫感。

(3) 为心理辅导(咨询)服务提供保障。基本办公用品、电话、电脑等。

3. 设计建议

(1) 面积:根据学校场地实际,一般约15~20平方米即可。

(2) 色彩:墙壁可粉饰为淡绿色、淡黄色、淡蓝色,不宜过于跳跃或凝重,也可根据心理辅导教师的专业建议选择。

注:若学校场地或条件有限,可以把心理接待室跟心理辅导老师的办公室合二为一。

(3) 墙壁上可以挂《学校心理咨询工作守则》《心理辅导功能室使用规则》《心理健康标准》《值班人员时间表》、风景画等。

4. 硬件配置

(1) 茶几沙发。接待室相当于一般居室的客厅,可以放置一个中型长方茶几(注意茶几四角圆滑,保证安全性),上置盆花,另外需要有长的、可供多人坐的沙发,也要有单人的沙发,以供不同的人选择。

(2) 书架或书橱。在接待室里需要配置一个小的开放式小书架或嵌入式书橱或立式书架若干,里面应放一些专业的书,以便来访者在等待的同时可以翻阅书籍。专业心理书籍或杂志的放置一来可以体现出本咨询室的专业性,二来也让文化水平高的来访者实现阅读疗法。

心理接待室

(3) 饮水机一台,一次性茶杯若干,供来访者喝水。

(4) 常用办公用品。例如电脑、电话、打印机、挂钟、心理咨询接待表格等。

(5) 若条件许可,接待室可以放置一些饰物,如花瓶、鲜花、绿色植物、图片、雕像等。

（二）心理教师办公室方案设计

1. 功能定位
心理辅导教师日常办公的场所。

2. 设计原则
以简洁实用、温馨舒适为主要设计原则，过于烦杂和混乱的设计会使学生对心理辅导老师的信任度有所下降，影响辅导效果。

3. 设计建议
（1）办公室的面积不宜过大，15平方米左右即可。

（2）墙壁颜色一般选择淡雅明亮的颜色，也可根据心理辅导老师的专业建议设置。

（3）若学校场地有限，则可以把心理档案放置在心理教师办公室内。

（4）教师办公室最好在门外醒目处张贴有心理辅导室开放的时间、心理辅导老师的一些基本情况。办公室的墙上最好挂有《学校心理咨询工作守则》《心理辅导员职业道德》和一些心理挂图等，明确心理教师的工作职责和管理规则。

4. 硬件配置
（1）办公室主要配置有教师办公桌椅、电脑、电话、饮水机、书架、纸张、笔墨、文件夹等文具。

（2）若心理档案室和心理教师办公室结合在一起，则需要放置档案柜。学校需要将学生心理成长记录（包括测评、咨询记录，活动记录等）存档，档案柜数量根据学校学生数量及学生档案情况确定。

心理教师办公室

（三）个体心理辅导室方案设计

1. 功能定位
个体心理辅导室是学校心理辅导室必备的，也是最基础的一个辅导功能室（区）。当学生出现焦虑、压抑、恐惧等心理，变得情绪低落、烦躁甚至无理取闹时，最好的方式就是通过正确引导、及时疏通，让学生摆脱心理不平衡状态，使其恢复正常，而抚平这种负面情绪的最佳方法就是个别的心理辅导。因此，个体心理辅导室主要功能是为来访者提供心理咨询、心理辅导服务。

2. 设计原则
（1）给人以专业感。房间可以放置一些沙盘游戏工具、挂图、心理测评工具、专业书籍，营造出心理辅导的专业氛围。

（2）让来访者感到安全并具有一定的私密性。个体心理辅导室应位于人流较少的地方，隔音效果要好，不能与接待室共用同一空间。作为一种帮助当事人重新认识自己、走出困境的地方，个体心理辅导室应该努力营造让来访学生安心、放松、舒适、注意力集中的氛围。

（3）心理辅导室的布置要符合不同年龄段学生的特点,如小学的心理辅导室,在布置上可增加一些童趣。

（4）在房间设计上要充分考虑来访者的需求和禁忌。因为我们不知道来访者忌讳什么,不喜欢什么,所以进行房间布置时要注意在满足辅导功能的基础上尽量简单。

3. 设计建议

（1）房间面积。个体心理辅导室承担一对一的个别咨询功能或者一对多的家庭咨询。为了便于心理教师和来访者之间迅速建立信赖关系,个体心理辅导室面积不宜太大,否则会阻碍咨询关系的建立;也不可过小,否则容易产生压迫感,15~20平方米左右即可。

（2）个体心理辅导室不要过于封闭,最好有窗户,能满足来访学生对窗口的心理要求,减少在封闭空间中的压抑感。此种设计也有利于将来访学生引向理想世界,以便向心理教师畅所欲言。

（3）色彩设置。建议心理辅导室的墙壁、地板和窗帘使用温和、平静的色调。例如苹果绿色调,具有安全、平和、凉爽的感觉;而米黄色,则显得温馨、亲切。避免使用强烈刺激的色彩,如大红、深蓝等。房内装饰尽可能减少,使学生感到和谐、亲切、平静、安全和放松。

（4）个体心理辅导室灯光光线要比较柔和。辅导室的灯具最好可以根据天气、光线的实际需求调节明暗,光线含蓄柔和,创造一种温馨的咨询氛围,以使来访学生感觉平静、轻松而又不至于分散注意力。

（5）房间在装修时注意墙壁采用绒布墙,用以隔音、吸音。地板要稍加装饰,不宜直接使用水泥地面,有条件的最好使用木质地板,简易些的可用复合地板或仿木质地板,给人更加安全、温暖的感觉。

（6）如果学校办学规模大,学生人数比较多,心理专职辅导教师有2位以上,在办学条件允许的情况下,学校可设计2~3间个体心理辅导室,可以把其中的一间咨询室设计成家庭治疗室,增设2~3个沙发即可,可满足家庭辅导需求。如果学校办学规模较小,学生总人数比较少,学校办学条件有限,个别心理辅导室也可以和心理辅导教师办公室合用一间,但中间必须用屏风或其他东西隔开,分为两个较为安静独立的区域。房间的颜色布置、沙发茶几摆放、灯光以及盆栽植物等跟上述所讲基本一致,摆放则根据房间大小和空间位置合理设计。

4. 硬件配置

个体心理辅导室的硬件配置见下表。

表1.1　个体心理辅导室硬件配置

名称	功能用途	说明
沙发、折叠椅	个别咨询时教师、学生用	沙发的颜色要与墙壁形成对比,与整体环境相协调,线条简洁,质地柔软舒适,挑选的时候需要考虑学生的身体形态。两张沙发的位置可呈90度左右摆放,避免咨访时双方对视。 选取几把折叠椅备用,以备来访者亲属也参加咨询时用。
玻璃或木质茶几	个别咨询辅导时教师、学生用	喝水的水杯及可能会用到的材料都可以放在上面。

(续表)

名称	功能用途	说明
鲜花、绿色植物	绿色植物象征生命力,用作室内点缀,令环境充满生机,营造心理咨询室气氛	鲜花置于茶几上,绿色植物高1米左右,置于辅导室一角,若不方便养护,塑料花也可以。
音响设备	简易的音响设备,例如录音机或CD机等,用于播放松弛的音乐和指令	供播放背景音乐,调节咨询对象情绪用,所带录音装置可用作咨询时录音。 有条件的学校可上双通道的隐藏监控设备,作为咨询或活动时录像用。
空调	保持房间温度舒适	选用和房间面积大小匹配的空调即可。
钟表	用于辅导时时间的把握	一般的石英钟即可,最好挂在比较显眼的地方,教师和学生都容易看到。钟表不宜过大,避免给来访者增加压力。
心理壁画或心理挂图	环境装饰,营造气氛	辅导室里的壁画(挂图)是非常有讲究的。风景画宜为广阔、恬静的自然景观,能开拓想象空间,令人心境舒畅。抽象画要使学生能感受到积极的主题或力量。挂图张数及位置需要根据辅导室的整体设计来布置。

个体心理辅导室

(四)沙盘游戏室方案设计

1. 功能定位

沙盘游戏室是借助沙盘对学生进行心理辅导的场所。沙盘疗法是学生在心理教师的陪伴下,从沙具架上自由挑选沙具,在盛有细沙的特制箱子中进行自我表现的一种心理治疗方法。心理咨询师通过沙盘设备进行辅导,促进对来访者心理健康的维护、想象力和创造力的培养,从而使其心性和人格的健全发展。

沙盘游戏疗法广泛应用于我国心理健康教育领域,它对很多心理问题,如多动症、攻击行为、注意力不集中、厌学、人际交往障碍、情感障碍等都有明显的帮助。目前,沙盘游戏已不仅仅是一种心理治疗方法,同时也是心理教育的一种技术,越来越多的幼儿园、中小学,甚至大学都开展了沙盘游戏活动。沙盘游戏作为学校心理教育的一种方式,在维护学生心理健康、健全人格发展等方面发挥着积极的作用。

2. 设计原则

空间大小适宜,安静。

3. 设计建议

(1) 沙盘游戏室要设置在与个别咨询室邻近的地方,这样个别咨询室和沙盘室是相对独立的空间,同时又彼此连接在一起。当心理咨询师发现需要对来访者进行沙盘治疗时能够很方便地来到沙盘游戏室。对于场地空间有限的学校而言,沙盘也可以直接放在个体心理辅导室内,便于辅导过程中根据需要使用沙盘。

(2) 增加团体沙箱。如果空间允许,学校还可在沙盘游戏室同时设有个体沙盘和团体沙盘各一个,团队沙盘只要在个体沙盘的基础上增加一个团体沙箱即可,社团活动或教师团体培训时都需要用到团体沙盘。另外,学校还可以将个别咨询室和沙盘游戏室结合起来设计,外间为个别咨询室,里间为沙盘游戏室。

4. 硬件配置

沙盘游戏治疗作为心理分析的一种特殊形式,其基本设置既应参考一般的心理分析要求和心理分析工作室的布置,又要满足沙盘游戏治疗的特殊要求。一般来讲,对于中小学而言,沙盘游戏室的配置要求如下。

(1) 干沙箱一个,大小为 72 cm×57 cm×7 cm。箱子内侧蓝色,沙箱架高 60 cm,有条件的学校可另外配备一个尺寸大小相同的湿沙箱。

(2) 实木材质陈列架:多层设计,外形美观,一般 3~4 层。

(3) 沙具包含人物、动物、植物、建筑、家具与用品、交通运输、食物果实、自然物质和其他等类型。

① 人物类

- 不同时代、种族、民族、文化背景及文学作品中的人物。如李白、诸葛亮、曹操;白人、黑人、印第安人;日本人、印度人;《西游记》里的师徒四人,《三国演义》里的刘备、关羽、张飞等。
- 普通人。如不同年龄、性别、姿态的人;如婴儿、儿童、小学生、中学生、大学生、新婚夫妇、中年人、老年人等。
- 不同职业的人。如教师、学生、演员、军人、医生、护士、警官、消防队员等。
- 情境人物。处于某种情境活动中的人物,如恋爱、结婚、旅行、骑马、驾车等情境。
- 神话、童话人物,漫画卡通人物和科幻人物。如美人鱼、狮身人面兽等带有神话、童话色彩的人物形象;通过影视、漫画广泛传播并为儿童熟悉的人物形象,如白雪公主和七个小矮人、哆啦 A 梦、樱桃小丸子等;形形色色的科幻人物,如机器人、外星人等。

② 宗教类

- 包含不同宗教信仰的人物。如修女、和尚、主教等。
- 各种宗教的象征物。如基督教的十字架、佛教的佛珠等。
- 各国崇拜的宗教人物。如佛主、观音、基督、圣母、天使等。

③ 死亡类

- 死亡象征物。如棺材、尸体、骷髅、骸骨等。
- 恐怖形象。如恶魔、杀手、妖怪等。

④ 文体类
- 各种体育器材、设施。包括篮球、足球、乒乓球等体育用品。
- 各种乐器。包括钢琴、小提琴、吉他等。
- 各种文体表演的情境。如踢足球、打篮球、拉小提琴、武术表演等。

⑤ 食物类
- 水果。包括苹果、香蕉、樱桃、桃子、西瓜、梨等。
- 蔬菜。包括茄子、番茄、洋葱、豆角、黄瓜等。
- 各种主食。包括水饺、汉堡包、日本寿司等。
- 其他食品。包括饼干、鸡翅、肉、蛋等。

⑥ 家居类
- 家具。床、桌、椅、沙发、茶几、橱柜、梳妆台等。
- 家电和通信。电视机、电脑、冰箱、洗衣机、微波炉、录音机、手机、电话等。
- 卫生间设施。洗脸台、淋浴房、澡盆、马桶等。
- 日用器皿。锅、碗、瓢、盆、杯子、茶壶、酒壶等。
- 厨房设施。灶台、煤气罐等。
- 服饰。各种颜色和样式的衣服、鞋子、发卡等。
- 照明物和反射性物体。包括小油灯、电灯、手电筒、镜子、金属片、玻璃球等。

⑦ 交通类
- 陆路交通。普通交通工具如小轿车、吉普车、自行车、摩托车、出租车、赛车、客车、火车、马车;运输车辆如卡车、集装箱车、施工用车、燃料车、起重车等;紧急交通工具如救护车、消防车、警车等。
- 飞行器。如客机、运输机等。
- 水上交通。包括民用和军用的船只,如独木舟、渔船、竹筏、帆船等。
- 交通设施与标志。如路标、照明设施、交通标志等。

⑧ 军事类
- 来自不同国度、不同军种、处于各种情境中的军人形象。
- 军用装备。如坦克、军用车辆、直升机、战斗机、舰艇等。

⑨ 建筑类
- 民用建筑。公寓楼、庭院、茅草屋、别墅等。
- 公共建筑。写字楼、商厦、图书馆、教学楼、医院、酒店、宾馆、体育馆等。
- 公用设施。公共汽车停靠站、加油站;各种亭、塔、桥梁等。

⑩ 动物类
- 四足动物。凶猛的野生动物,如狮子、老虎、豹子、黑熊、北极熊、犀牛、狼、野猪、河马、大象等;温顺的野生动物,如鹿、长颈鹿、斑马、猩猩、猴子、兔子、松鼠、骆驼、羚羊等;家畜如马、牛、羊、猪、猫、狗等。
- 鸟类。富有象征意义的鸟类,如孔雀、猫头鹰、天鹅、鸳鸯、鸽子、鹦鹉等;家禽如鸡、鸭、鹅等；其他鸟类。
- 虫类。如蜜蜂、蝴蝶、蚂蚁、毛毛虫、苍蝇、蜘蛛等。
- 水中的动物。如鲸、鲨鱼、海豚、章鱼、虾、螃蟹等。
- 爬行和两栖动物。包括蛇、鳄鱼、青蛙、蜥蜴、乌龟等。
- 神话中的动物。如龙、麒麟、凤凰等。
- 史前动物。如恐龙、长毛象、始祖鸟等。
- 拟化动物。包括卡通剧中的动物、迪士尼动画片中的动物以及人性化动物，如弹琴的猫、踢足球的狗等。
- 十二生肖动物。中国文化特有的具有特殊意义的十二种动物。

⑪ 植物类
- 树木。有常绿的和落叶的；枝繁叶茂的树、枯树；灌木、乔木、椰树等地方特色的树种；带有宗教色彩的菩提树、圣诞树等。
- 花卉。各种各样的花、花瓣，如盆栽的花、插花等。
- 草木。各种颜色、形状的草木。

⑫ 自然物类
- 天空中的自然物。如日、月、星等。
- 大地上的自然物。如各种石子、山峦等。
- 来自海洋、江河、湖泊中的自然物。如各种贝壳、珊瑚等。

⑬ 名胜古迹类
- 中国的名胜古迹。如长城、天坛、颐和园等。
- 世界各国的名胜。如埃及的金字塔、美国的自由女神像、印度的泰姬陵等。

⑭ 颜色形状类
- 颜色类。不同的颜色能让人产生不同的联想，具有不同的象征意义。如红色象征热情和冲动，蓝色象征平静和理性等。
- 形状类。如三角形、菱形、圆形、球体、柱体等。

⑮ 符号及钱币类
- 数字类。数字与人类的心理活动息息相关，如3、4、6、8、9、13等。
- 字母类。字母也具有特别的象征意义，如A、B、C、D、E、F、G、H等。
- 符号类。+、-、*、√、=等。
- 各种钱币。

（4）沙子：安全、干净、细腻的天然沙最为适宜，沙子的颜色从原理上和作用上讲并不会影响治疗效果。

（5）辅助工具：沙耙、沙刷、沙铲、喷壶、有关沙盘方面的书籍、拍摄学生沙盘作品的数码相机或摄像机。

沙盘室

（五）团体心理辅导室方案设计

1. 功能定位

团体辅导室是心理老师开展小组辅导或团体辅导的场所。团体辅导活动室一般也兼具心理活动课讲授和团体心理辅导的功能。

团体辅导是在团体情境下进行的一种心理咨询与心理辅导形式。它是通过团体内人际交互作用，来促进个体在交往中通过观察、学习、体验，认识自我、探讨自我、接纳自我，调整改善与他人的关系，学习新的态度与行为方式，以发展良好适应能力的助人过程。借助团体的力量和各种心理咨询与治疗技术，可以使团体成员自知并自助，达到消除症状、改善适应、发展人格的目的。通过团体辅导，参训者往往会在如下方面有显著的提高：认识自身潜能，增强自信心，改善自身形象；克服心理惰性，磨练战胜困难的毅力，启发想象力与创造力，提高解决问题的能力；认识群体的作用，增进对集体的参与意识与责任心；改善人际关系，学会关心，更为融洽地与群体合作；学习欣赏、关注和爱护大自然等。

2. 设计原则

（1）活动场所相对安全，足够大。有可拼装的桌椅，保证上课和活动时，有灵活的活动空间。

（2）格局布置需要轻松、活泼。墙壁、天花板、地板和窗帘等宜采用柔和的颜色，如乳白色或米黄色，给人以安静、和谐的感觉，有利于放松及宣泄。墙壁适当配有挂画或其他装饰品并定期或根据需求更换。

3. 设计建议

（1）团体室的房间面积要稍微大些，最好比一般的上课教室要大一些，方便开展室内游戏活动，因为只有活动空间足够大，才可以让学生在其中随意走动、活动身体。

（2）团体活动室应当保证光线充足，环境布置舒适温馨，使人情绪稳定、放松，让学生有安全感，能够保护学生的隐私，使学生在无干扰的情况下集中精神投入团体活动。

（3）地板可用耐脏及易清理的复合地板，条件好的可以铺设容易清洗的地毯，方便开展室内游戏活动。

（4）有可移动拼装的桌椅，坐垫、抱枕等，让学生可以放松舒适地讨论问题。这些设备可以形状多样、色彩鲜艳，令室内环境轻松、活泼。

（5）墙壁上可以挂心理励志挂图和对团体成员有约束力的团体契约。

团体心理辅导室

4. 硬件配置

（1）舒适的活动座椅若干或可移动的椅子若干，也可以订做六边形可拆、可移动桌子，便于活动小组讨论。

（2）活动讲台一套，电脑及投影器材一套。

（3）录音机、CD机、DVD机等音响设备一套。

（4）团体活动器材若干，放置团体活动游戏的道具包或储物柜若干。

(六)心理放松室方案设计

1. 功能定位

放松室主要是为来访者提供各种放松训练条件,进而帮助来访者缓解各种压力和情绪的场地。放松技术是通过一定的程式训练,使个体学会精神上及躯体上放松的一种技术,是常用的一种行为治疗方法。

科学家认为,当人处在优美悦耳的音乐环境之中,可以改善神经系统、心血管系统、内分泌系统和消化系统的功能,促使人体分泌一种有利于身体健康的活性物质,可以调节体内血管的流量和神经传导。放松室配备有音乐减压治疗系统,运用音乐特有的生理、心理效应,使来访者在咨询师的共同参与下,通过各种专门设计的音乐行为,经历音乐体验,达到消除和缓解焦虑、紧张等不良情绪,消除心理障碍,恢复或增进心理健康。

2. 设计原则

安静、舒适。

3. 设计建议

(1)放松室相对安静,墙壁隔音效果要好。

(2)若场地有限,可以把心理放松室与团体心理辅导室合并在一起。

4. 硬件配置

音乐放松椅、沙发、音响设备等反馈型音乐放松治疗系统。

心理放松室

(七)心理宣泄室方案设计

1. 功能定位

宣泄室是指供来访者宣泄内心情绪的场地。心理问题的最终产生,在很多情况下是负性情绪不断累积的结果。因此,及时地排除负性情绪,就可以起到预防和解决心理问题的效果,而宣泄就是人们常用而有效的方法之一。宣泄的方法有很多,但其中最基本的原则是宣泄必须合理合法,要做到既不损人也不害己,并保持合适的度。一些常用的、适于中学生心理发展特点的方法可以引入到宣泄室中,如运动、呐喊、涂鸦、击打等。

心理宣泄室是一个可以在合理范围内宣泄情绪的场所。在这里,人们可以通过身体强烈运动的方式,将内心压抑的郁闷、烦躁、愤怒等不愉快的情绪、情感进行宣泄,达到心理调适的目的。通过建立受保护的整体宣泄室,可以明显提升心理压力释放的安全性、可靠性和有效性,从而为进一步的心理疏导创造良好氛围。

2. 设计原则

安全至上原则,学生在宣泄的时候,宣泄设备要保障学生的安全。

3. 设计建议

（1）心理宣泄室的位置应远离个体心理辅导室、心理办公室、音乐放松室等较为安静的场所，因为宣泄室进行宣泄时会有较强的噪声。

（2）宣泄室的墙壁最好使用软包墙，无论是仪器设备还是墙壁都不要有尖锐的棱角。整个宣泄室的颜色基调以深色为主，比如黑红或是深蓝，这样可以激发来访者的压抑情绪，促使其尽情地发泄。心理宣泄室的开设要科学，只有有目的性、针对性，并按一定程序操作，才能起到好的效果。

（3）设置休息区。在宣泄室入口处可用挡板隔出2~3平方米左右的区域作为休息室，适当摆放些绿色植物，提供休息座椅、衣架、水杯和毛巾等。在醒目位置张贴宣泄器材使用说明和使用宣泄室的注意事项，休息区和宣泄区域之间勿需安装门窗，有入口即可。

（4）房间角落可摆放音响设备，播放节奏感强的动感音乐。还有房间的墙壁上也要挂些鼓励学生在宣泄室进行情感发泄的挂图，如"把烦恼和压抑留下，把自信和乐观带走""把烦恼统统一脚踢开"等，通过图片正确引导学生，帮助学生提高宣泄效果。

4. 硬件配置

宣泄一般分为实体宣泄部分和虚拟宣泄部分。实体宣泄部分一般包括软包墙、涂鸦笔、涂鸦墙、吊式沙袋、宣泄人、拳击手套或宣泄抱枕等。虚拟宣泄部分包括呐喊宣泄仪、击打宣泄仪、体感宣泄仪等，这三款宣泄器材的售价都颇高，预算不高的单位可以不予采购。

心理宣泄室

（八）心理阅览室方案设计

1. 功能定位

读心理方面的书刊可以缓解或消除生理、心理疾患，促进身心健康，增进自信，改善个人行为和人际关系。因此，心理书刊是自我心理调适的良药。心理阅览室的主要作用是为学生提供各类心理相关的书籍、杂志，帮助学生深入了解自己，增进对自身心理健康状况的了解，获得生活、学习等方面的指导，提升心理品质，同时也可作为等候室提供给等候咨询的学生。此外，学校的其他教师通过这些资料可以扩展心理健康方面的知识，更好地了解自己、尤其是了解教育对象——学生的身心发展规律，以便改进教育教学方法，使之更加适应学生的特点。

2. 设计原则

主体风格要安静，营造温馨、宁静、舒适、色彩淡雅的环境，使学生一走进阅览室就能放松心情、缓解压力、身心愉悦。

3. 设计建议

（1）心理阅览室是心理图书资料的专用阅览室，其面积大小可根据学校条件构建，一般至少应可容纳20人。

（2）房间采光和通风要好，房间隔音也比较重要，保持阅览室的相对安静。

（3）心理阅览室可以集中配备有关心理方面的报刊，同时集中放置能够帮助和提高学生心理品质方面的书籍。可以让学生选择自己所需要的资料，从而得到帮助和启示。还可以为教师提供各种有关心理教育方法、现代教育思想、心理辅导技术方面的资料。

（4）若学校条件有限，在心理接待室或教师办公室放置简单的书架或橱柜，放置少量的一些心理杂志或书籍，可以相当于一个微型的心理阅览室。

心理阅览室

4. 硬件配置

配备书柜、阅览架、阅览桌椅、有关的心理图书和报刊等。

（九）心理活动课专用教室方案设计

学生心理活动课是学校开展心理健康教育的重要途径之一，为预防学生心理问题和提升学生心理品质提供了最方便的途径。心理活动课主要采取活动的方式进行，结合角色扮演、情景演练、小组活动、教师讲授等方法，通过学生的亲身参与、实际体验，培养学生的各种心理品质。因此，较为固定的、特别的活动教室对于心理健康教育来说必不可少。

1. 功能定位

学生上心理辅导课的活动场所。

2. 设计原则

教室的整体设计和硬件配置除了具备一般教室的功能外，还要凸显心理活动课的特点和特殊需求。

3. 设计建议

（1）心理活动课专用教室的面积最好比一个普通教室的面积多出一半，多出的面积可以设置成心理辅导课堂观摩区，便于进行日常的心理教研活动时本校、本区乃至本市心理教师同行听课用。

（2）心理教室的桌椅应区别于常规教室的桌椅，应选用合适的、可移动的桌椅。

（3）教室的设计要满足心理课对多媒体教学的需求。

（4）若考虑节约场地空间，可以把心理课专用教室和团体辅导室合二为一，要注意的是小的团体心理辅导室无法满足一个班级学生的心理活动课需求，同时用作心理活动课专用教室的团体辅导室的面积应至少要和一般教室一样大。

4. 硬件配置

（1）舒适的活动座椅或可移动的椅子若干，也可以订做六边形可拆、可移动的桌子，便于活动小组讨论。

（2）活动讲台一套，电脑及投影器材一套。

（3）录音机、CD机等音响设备一套。

（十）心理测量档案室方案设计

1. 功能定位

学生完成个别心理测试或网络心理测试,保存学生心理档案的场所。

2. 设计原则

简单、实用,便于学生进行心理测试。

3. 设计建议

（1）测量档案室面积不需要太大,施测现场的温度、光线、桌面高低等都会影响学生测验结果,因此,要保证测量档案室独立安静。

（2）一般的心理测量档案室主要是针对个体学生的,若对一个班级的学生进行集体心理测试,可以和学校的计算机教室结合,但要求环境安静舒适。

（3）场地紧张的学校,可以把心理测量档案室和心理教师的办公室结合在一起。

4. 硬件配置

（1）配置电脑和打印机,安装专业的心理软件系统,便于测评、建立心理档案和结果的统计分析。

（2）配置有档案柜,以便相关资料的归档管理和保存,柜子最好是不透明的,让人感觉到心理档案的保密性。

（十一）心理仪器室方案设计

1. 功能定位

放置心理学仪器,为学生提供了解心理学,了解心理学原理的基础条件,同时也是学生练习注意力、灵活性、稳定性的场所。

2. 设计原则

满足学生操作心理仪器、认知心理学原理的体验需求。

3. 设计建议

（1）房间面积不少于 20 平方米,颜色以浅色调为主。

（2）采光通风条件良好。

4. 硬件配置

仪器台、仪器柜、注意力集中能力测定仪、动作稳定测试仪、手指灵活测试仪、注意分配仪、镜画仪、记忆广度测试仪、迷宫。

（十二）心理辅导室墙壁设计

借助心理辅导室里的图画,人们把自己思考的东西不断深化。为了增加心理辅导室的专业氛围,心理辅导室的走廊或各个功能室可以悬挂一些专业的心理挂图或心理壁画,也可以张贴一些充满智慧的心理格言,既可以宣传普及心理知识,提升心理学的趣味性,又可以增加来访者对心理辅导室的亲近感。

墙上图画传递的信息量,远比一般语言丰富,表现力更强,而且在欣赏图画格言的过程中,人们会进一步理清自己的思路,把复杂的东西简单化,立体的东西平面化,抽象的东西具体化,给予需要心理调节的来访者心理暗示,使其在观赏的同时也得到启发,心境自然也就豁然开朗。

1. 心理辅导室宣传标语

    塑造阳光心态,体验美丽人生
    用爱点亮心灯,用情助燃希望
    给心灵一片蓝天,沐浴璀璨阳光
    健康心理,精彩人生
    退一步海阔天空,让三分心平气和
    浪再高也在船底,路再难仍在脚下
    失去了昨日的繁星,就别再失去今天的朝阳
    海到无边天作岸,山登绝顶我为峰
    打开心灵的窗户,让阳光照进来
    健康的心理为你插上飞翔的翅膀
    挂上迷人的微笑,洗去昨日的阴霾
    悦纳自我,肯定自我,重视自我,发展自我
    面向阳光,阴影留在身后;面向未来,心事留在过去
    不被负性情绪困扰,不给烦恼投资,勇于积极行动,改变现状
    拥有四颗心:心宽似海,心静如水,心明如月,心坚如钢
    乐观自信,毫不退缩,持之以恒,直到成功

2. 心理图片

  一般而言,心理走廊或辅导室的各个功能区的心理图片可以分为"双关图""错觉图"和"不可能图形"三大类。

(1) 双关图

  双关图又称两可图,是利用我们的注意分配,通过背景与焦点的转换来完成图形"变化"的一种图形组合,常见的如老人少妇两可图、鱼鸟两可图等。通过对双关图现象的分析,我们可以发现,有些时候,当我们换一个角度来看待一件事物的时候,就可能看到它全新的一面,而一旦我们固执地紧盯着事物的一面时,就可能会错过许多精彩的部分。

    鱼鸟两可图   老人少妇两可图

(2) 错觉图

错觉图是利用我们认知过程中的一些正常的心理现象或思维定势形成的错误认知来构成的奇妙图形。以下面这两幅"似动错觉"和"平行线错觉"为例：似动错觉是实际不动的静止之物，相继刺激网膜上邻近部位所产生的物体在运动的知觉，是一种错觉性的运动知觉。通过对错觉图现象的分析，我们可以得知，在我们认知事物的过程中，会因为我们固有的一些心理特点，造成认知上的错误，我们的主观印象可能会"欺骗"自己，因此在对人、对事进行评价的时候，应更多地从客观角度出发，不能一味地"跟着感觉走"。

似动错觉　　　　　　　　　　　平行线错觉

(3) 不可能图形

不可能图形是利用二维视觉效果与三维空间效果之间的细微差异而形成的一种空间扭曲效果图。

不可能三角形

上图中的三角形乍看之下似乎没有什么异常，但如果将这个二维图画带入到现实的三维空间来思考，我们就会发现这个三角形是不可能存在于现实空间中的。

通过对不可能图形的分析，我们应警示自己，在思考问题的时候，不能仅凭思维和感觉上的推论，还需要将问题带入现实生活中，分析其可行性。

三、对心理辅导室建设的思考

1. 心理辅导室建设应依据学校的不同性质而定

在环境的布置、测试和统计软件的选取及情绪调节器的选取等方面,高中、初中和小学应有所区分。

2. 心理辅导室建设与心理健康教育需领导给予重视

心理辅导固然要靠辅导人员科学性、规范性、创造性的劳动,但我们也应看到,教育行政部门领导和学校校长对心理教育的认识水平,对心理辅导室建设的关注程度,同样也是学校心理辅导室生存、发展、壮大的重要保证。心理辅导室的建设不仅包含前期的规划设计和硬件设施投入,也包含后期心理辅导室的设备设施维护和心理辅导活动开展所需要的经费投入。许多学校在心理辅导室筹建之初给予重视,但筹建好后却少有经费投入,使心理辅导室的日常工作和运转陷入困境,甚至长期处于瘫痪或半瘫痪状态。因此,要想使学校心理辅导室能够持续正常运转,学校领导必须真正重视心理健康教育,把心理健康教育及心理辅导室的建设作为学校整体工作的一部分,避免心理辅导室建设中的"短期行为",尽可能在心理辅导室建设经费投入上给予长期支持,并将此项经费开支列入学校的年度预算,每年都应有一定的额度保证,并通过必要的财务制度确保专款专用。此外,鉴于目前许多学校办学经费紧张,学校可以积极争取政府有关部门、企业及个人对心理辅导室的投入和捐赠,确保心理辅导室持续正常的运转。

3. 拓展学校心理辅导室功能,进一步加大心理健康教育的软件建设

心理辅导是学校心理教育工作的重要部分,是学校整体工作中不可缺少的部分。学校心理辅导室的功能是随着心理教育的深入开展,随着教育教学改革的不断发展而不断拓展的,理论层面上的创建和操作层面上的创新必将有越来越多的成果。广大的教育工作者将会看到,学校心理辅导工作将逐步从心理辅导室扩大到整体的心育活动,扩大到学科教学进而扩大到校内外所有的教育活动之中;教育者的聪明才智将进一步发挥,适合本校本班实际的、富有特色的、丰富多彩的心理辅导与咨询方式将不断涌现。

对心理辅导室的建设,将不单是心理辅导室硬件环境的建设,更多地应将重点转向心理环境的建设。一方面,学校应增加投入,加强对全体老师开展心理辅导技能水平的培训,让"人人成为心理健康教育工作者"成为一种可能;另一方面,学校应加强对学校心理课程的开发与建设,增加对校园心理教育文化活动建设的投入,让丰富多彩的心理健康教育活动为学生的健康成长构建一个良好的心理成长环境。

附:上海市区县中小学心理健康教育中心装备配置标准

一、适用范围

本标准适用于上海市各区县中小学心理健康教育中心的建设与设备配置。

二、编制依据

根据《教育部关于印发〈中小学心理健康教育指导纲要(2012年修订)〉的通知》(教基一〔2012〕15号)、《上海市普通中小学校建设标准》(DG/TJ08-12-2004)、《上海市中小学和中等职业学校心理辅导室装备指导意见(试行)》(沪教委德〔2011〕57号)

和国家、上海市有关学校心理健康教育工作的要求制定。

三、基本原则

突显中心的引领作用，发挥其对区域内学校心理健康教育工作的辐射功能。遵循心理学的原理和方法，软硬件设施配置符合心理教育的规律和学生发展的特点。软硬件配置应符合区县心理健康教育工作的实际需要，便于操作和进行培训。选址一般应符合相对安静、方便到达的要求。

四、基本配置

（一）功能区域

中心一般应设教师培训区（兼心理探究区）、心理测评区、沙盘游戏区、心理放松区、情绪宣泄区、个别咨询区、教师办公区、接待区（兼心理阅览区）和会议室等。

总建筑面积一般不少于180平方米。各区县可结合自身心理辅导工作的实际需要与其他教育场所共享，中心各功能区域也可以相互兼容。

1. 教师培训区（兼心理探究区）

是开展教师培训、团体心理辅导活动、心理讲座、心理交流沙龙的必备场所，同时也是开展区域性调研和课题研究工作的场所。教师培训区的面积一般不小于70平方米。

2. 心理测评区

主要具有四大功能：一是开展心理测评工作，对学生心理情况进行普查，建立完整的心理档案；二是甄别部分可能存在问题的学生，为其提供相应的帮助；三是为个体心理咨询提供依据，以开展切实有效的辅导；四是开展量表使用和测量的培训，主要是针对心理辅导中心的老师和中小学的心理老师。心理测评区的面积一般不小于15平方米。

3. 沙盘游戏区

运用沙盘这一非语言性沟通工具，引导学生进行自我认知调节，引发学生培养自愈之力，开发学生创造潜能。此外，在沙盘游戏区还可开展沙盘游戏治疗培训。沙盘游戏区的面积不小于15平方米。

4. 心理放松区

通过音乐放松训练、生物反馈训练，帮助学生放松心情、缓解疲劳，消除紧张、焦虑、抑郁等负面情绪；也可作为心理干预的效果评估手段。心理放松区的面积一般不小于8平方米。

5. 情绪宣泄区

提供一个安全可控的环境，通过击打、涂鸦、运动等方式来转移心理能量，让学生宣泄心中不良情绪，调节心理平衡。情绪宣泄区的面积一般不小于10平方米，让学生有充分的空间疏导和放松。

6. 个别咨询区 2~3个

与来访者进行深入交流，帮助疏导心理困扰，提供科学有效的咨询和辅导；既适用于开展个别咨询，必要时，也可进行家庭治疗或小团体咨询。个别咨询室应单独建室，其面积一般不少于8平方米。

7. 教师办公区

教师日常办公值班之用,存放相关心理档案资料。教师办公区的面积一般不小于20平方米,可供1~6名心理教师办公。

8. 接待区(兼心理阅览区)

接待学生、老师、家长,或其他来访人员,调整咨询前心态;可放置心理健康相关读物,供等候者阅览。接待区的面积一般不小于20平方米,可供10人左右同时等候和阅读。

9. 会议室(可用中心所在地的会议室)

会议室的功能主要包括举办专家活动、各类会议等。会议室面积一般不小于20平方米。

(二)环境要求

以科学、安全、实用,符合不同年龄段学生的特点为原则进行环境布置,达到简洁、温馨、舒适的效果。

(三)基础设施

1. 遮光:可安装窗帘。
2. 隔音:所有功能区应有较好的隔音条件,其中个别心理辅导区、心理测评档案区和心理放松区隔音效果应小于40 dB。
3. 墙面:采用淡色涂料,使室内光线柔和。可将教师培训区的一整面墙安装单向玻璃镜,镜前安装窗帘。
4. 温度:安装空调。
5. 通风:通风良好。
6. 照明:平均照度不低于300 lx。
7. 电源:配置适量220 V电源插座。
8. 网络与通讯:设置网络接口(不少于2个端口)、闭路电视接口和广播接口。

(四)配置标准

序号	名称	规格及参数	单位	数量	应用	备注
1	通用设备					
1.1	计算机		台	2~4	教师办公区 心理测评区	必配
1.2	打印机	彩色激光打印机	台	1	教师办公区 心理测评区	必配
1.3	照相机	数码相机	台	1	沙盘游戏区	必配
1.4	电视机	液晶	台	1	心理放松区	必配
1.5	录音笔	2G	个	1	个别咨询区	必配
1.6	石英钟	石英挂钟静音系列	个	1	个别咨询区 沙盘游戏区	必配
1.7	程控交换机	电话程控交换机4外线8内线	台	1	教师办公区	选配

(续表)

序号	名称	规格及参数	单位	数量	应用	备注
1.8	电话机		部	2	教师办公区	必配
1.9	饮水机	冷热式	台	1	接待区	必配
1.10	多媒体系统	投影机白板或液晶电视带集成	套	1	教师培训区会议室	必配
1.11	录播系统	可录制3个以上功能区声音及图像,可上传至教师办公电脑或专用机;便携式摄像机及其配件	套	1	教师培训区沙盘游戏室	必配
1.12	空调		台	若干	各功能区	必配
1.13	网站	信息发布				选配
2	办公家具					
2.1	文件柜	1 800×860×400 mm,铁质喷塑结构,上部铁框玻璃门,内置活动搁板二块;下部铁质对开门,内置活动搁板一块;带锁	个	3~4	教师办公区	必配
2.2	仪器柜	1 800×800×400 mm,实木结构,上部木框玻璃门,内置活动搁板二块;下部木质对开门,内置活动搁板一块;带锁	个	3	心理探究区	必配
2.3	期刊架	1 800×900×350 mm,倾斜期刊活动板五层,可存放期刊	个	2	接待区	必配
2.4	办公桌	1 400×700×750 mm,优质E1级环保人造板,0.6 mm厚枫木皮饰面,办公电脑一体桌可放置主机,配置键盘架,带走线功能,带活动推柜,带锁	张	3~10	教师办公区	必配
2.5	办公椅	椅面及靠背为高回弹高密度海绵,黑色优质西皮包面;优质气压棒;铝合金五星脚,带扶手、带锁定功能	把	3~15	教师办公区	必配
2.6	量表操作台	1 400×700×750 mm,优质E1级环保人造板,0.6 mm厚枫木皮饰面,办公电脑一体桌可放置主机,配置键盘架,带走线功能	个	1	心理测评区	必配
2.7	学生座椅	椅面及靠背为高回弹高密度海绵	把	3~20	心理测评区沙盘游戏区	必配
2.8	团体活动桌椅	六边形操作台,可自由组合拆分,配6张凳子	套	1~3	教师培训区	必配
2.9	沙发	3个沙发或圈椅4个,含茶几一个	套	1	接待区	必配
2.10	沙发	个性沙发1+1,含茶几一个	套	1	个别咨询区	必配

第一章　学校心理辅导室的规划与建设

（续表）

序号	名称	规格及参数	单位	数量	应用	备注
2.11	会议桌椅	视教室大小定制	套	1	会议室	必配
2.12	环境装饰	包括绿色植物、盆景、抱枕、墙贴等			环境	必配
3	心理辅导器械					
3.1	音乐反馈放松系统	1. 专业沙发按摩椅,带有电动控制系统,具备以下功能:A.放松功能:专业建议与自主选择相结合;B.反馈功能:生理指标动态监测与实时反馈;C.评估功能:结合问卷测试与放松过程给出综合评估报告 2. 耳戴式生物反馈传感器、专用数字信息采集器一套,采集生理信息 3. 标准机柜,显示器全方位移动架 4. 电脑一套	套	1	心理放松区	必配（二选一）
3.2	身心反馈放松训练系统	1. 专业沙发按摩椅,带有电动控制系统,具备以下功能:A.放松训练—音乐反馈放松系统;B.反馈训练—身心平衡调节 2. 耳戴式生物反馈传感器、专用数字信息采集器一套 3. 标准机柜,显示器全方位移动架 4. 专用终端一套	套	1		
3.3	沙盘(标准版)	1.标准沙箱1个 2. 沙具:1 000种,造型接近于现实之物 3. 沙刷、沙耙、沙具篮各1个 4. 沙盘档案管理软件:记录来访者摆放沙盘的过程、最终结果和分析评估文字 5. 指导材料:沙盘游戏治疗的意义、基本原理、操作说明、案例分析等,另配专业书籍1本(正式出版) 6. 软件加密器1个	套	1	沙盘游戏区	必配
3.4	沙盘(团体版)	1. 标准干沙箱、湿沙箱各1个 2. 沙具:不少于1 200种,造型接近于现实之物 3. 沙刷、沙耙、沙具篮、喷水壶各1个 4. 沙盘档案管理软件:记录来访者摆放沙盘的过程、最终结果和分析评估文字 5. 指导材料:沙盘游戏治疗的意义、基本原理、操作说明、案例分析等	套	1		必配
3.5	沙具柜(中学)	存放沙具,带遮尘帘	个	3~5		必配

(续表)

序号	名称	规格及参数	单位	数量	应用	备注
3.6	音乐诱导击打宣泄仪	1. 通过击打这一运动方式,转化心理能量,疏解不良情绪 2. 多种情景音乐结合实时的语音反馈,引导个体理清情绪不良的症结所在,并给出正向建议,引导个体掌握情绪调节的多种方法 3. 个性化的宣泄方案:至少有3种宣泄风格、8个宣泄主题,并考虑性别差异,不仅有男女声语音反馈供选择,还可根据个体性别给予智能反馈 4. LED显示灯,对击打进行实时反馈 5. 立式柱形宣泄靶 6. 无线蓝牙传输	套	1	情绪宣泄区	必配 (二选一)
3.7	宣泄人	1. 主宣泄人1个 2. 宣泄人脸谱5个 3. 宣泄棒2个 4. 电动充气泵1个	套	1		必配
3.8	涂鸦板	移动涂鸦板	个	1		必配
3.9	保护墙	海绵墙,50 mm加厚,定制,长度不低于2 000 mm	个	1		必配
3.10	保护地板	加厚(20 mm),环保	个	1		必配
3.11	团体心理辅导器材箱	1. 借助团体游戏活动促进团队成员的互动交流,帮助个体获得成长 2. 铝合金箱包装 3. 内含腰带式扩音机 4. 附有说明手册与指导光盘	个	1		必配
4	心理专用仪器					
4.1	智能型动作稳定仪	1. 了解个体在不同情绪状态下动作的稳定程度和精细程度,训练、提高学生肢体运动的平衡性和稳定性 2. 包括九孔型和凹槽型,可分别评估个体垂直方向和水平方向的动作稳定能力	台	2~5	心理探究区	必配
4.2	智能型注意力集中仪	1. 通过使用测笔跟随转盘上的指定目标做持续运动,评估、训练及提高个体注意稳定性和抗干扰能力。干扰环境包括声音干扰和光干扰两种 2. 无线测笔发射红外发射,由主机作接收的采集模式	台	2		必配

第一章　学校心理辅导室的规划与建设

(续表)

序号	名称	规格及参数	单位	数量	应用	备注
4.3	智能型综合反应时仪	1. 测试和训练个体反应的快慢与准确性，了解其高级神经活动的强度特征 2. 包含简单反应时、选择反应时、辨别反应时、四肢反应时和运动反应时等项目	台	2~5	心理探究区	必配
4.4	智能型手指灵活仪	了解与提高个体的手指、手腕、手臂等的灵活性，以及手眼协调性，可分别测试左右手的灵活程度。包含插拔、翻转、旋转三项测试内容	台	2~5		必配
4.5	智能型速示仪	1. 评估、训练个体的记忆能力和注意广度 2. 包含瞬时记忆、短时记忆、长时记忆、数字记忆、空间位置记忆和注意广度等内容	台	2~5		必配
4.6	智能型双手协调仪	1. 通过双手进行不同操作，了解与提高个体在动作学习中双手的协调能力以及注意分配能力 2. 自动识别在靶与脱靶情况，并记录在靶时间与脱靶次数	台	2~5		必配
4.7	皮肤电测试仪	演示不同情绪状态下个体皮肤电的变化，了解调控不良情绪的方法，可作为情绪调节的生物反馈指标	台	2		选配
4.8	智能型迷宫	1. 了解个体在只依靠自身的动觉、触觉获取信息的情况下的空间定向能力，培养空间位置记忆能力以及经受挫折的能力 2. 自动识别进入盲道操作，并发出提示声	台	2~5		必配
4.9	智能型镜画仪	1. 了解与训练个体的动作学习效果和技能迁移能力 2. 测笔无线缆牵制，可自由循迹	台	2~5		必配
4.10	智能型棒框仪	1. 了解个体场独立性和场依存性的认知风格。被试自动设置程序，可进行场依存性和场独立性、冲动型与沉思型、继时型与同时型三种认知类型的测试 2. 棒、框偏转角度通过步进电机精密定位 3. 具有棒框零位自动校准装置	台	2~5		必配

(续表)

序号	名称	规格及参数	单位	数量	应用	备注
4.11	智能型逻辑思维仪	1. 了解个体掌握简单和复杂空间位置概念的能力,评估个体运用策略解决问题的能力 2. 包含河内塔和叶克斯两种逻辑思维的测试项目 3. 叶克斯 4. 河内塔	台	2~5	心理探究区	必配
4.12	数据分析系统	1. 自动识别仪器,具有数据存储、统计和分析等功能 2. 数据处理方法包括图表分析、描述统计、推断统计等,结果报告形式有项目分析、个体分析、设定范围分析 3. 可查询特定个体或群体的结果数据,也可同时呈现多种仪器的分析报告,建立学生心理档案 4. 允许学校设定、修改学生基本信息	套	1		必配
4.13	眼动仪	测试个体的眼跳、眼注视点、眼扫描的特征	台	1		选配
4.14	电控动景盘	1. 用于演示静止、似动、融合等视觉心理现象 2. 动景速度连续可调,转速数码显示	台	2		选配
4.15	立体镜	用于演示立体知觉、图形竞争、混色效应等心理现象	台	2		选配
4.16	可调速混色轮	用于演示颜色混合现象	台	2		选配
5	心理辅导软件					
5.1	中小学心理测评系统	用于对学生当前的心理状况进行测评 基本功能:A.可设置适宜的测试任务与查看权限,避免敏感性测验结果对学生产生不良影响;B.快速的危机预警提示;C.兼具个体报告与团体报表,数据、图表及文字说明相结合,给出具体分析与专业建议;D.测评档案管理与查询,包括学生基本情况、历次测评报告、在线咨询情况等内容 所用量表范围:需涵盖智力、人格、学习、心理控制源、人际关系、临床、职业、家庭及能力倾向等九大类别;适用于不同年龄阶段人群。适用于九年一贯制学校、完中以及区县心理健康教育中心	套	1	心理测评区	必配 (注:必须具有自主知识产权和权威机构的认证。)

（续表）

序号	名称	规格及参数	单位	数量	应用	备注
6	图书视听资料					
6.1	心理图书	含心理学基础类、健康教育类、科普类以及心理咨询类，不少于100册	册	若干	心理阅览区	必配
6.2	视听资料	心理健康类、心理咨询类、教学类、情绪调节类等视频音频资料	套	若干	心理阅览区	必配
6.3	心理挂图	心理学史类、心理放松类、心理励志类、心理现象类，不少于8幅	幅	若干		必配

第二章

学校心理辅导室的使用与制度建设

第一节 学校心理辅导室的使用

一、心理辅导室的网络构建

学校心理辅导室的有效运作取决于许多因素,其中重要的因素之一便是能否建构有效的心理健康教育网络。

心理辅导室作为为学生提供心理辅导服务和学校开展心理教育的重要机构,应该有相关的心理专业人员。一般说来,心理辅导室最好应有1名或1名以上的心理学或教育学或医学专业本科及以上学历的心理专职教师,条件薄弱的学校至少也应该有受过系统心理辅导培训的兼职心理教师。辅导室人员还可以包括具有一定心理学知识和技能的班主任和团队干部,以及热心于此项工作的其他教师、持有国家心理咨询师证书的校外志愿者队伍等。

在校内,心理辅导室的工作还应延伸到学校的方方面面,形成以心理辅导室为中心的心理健康教育网络,构建由心理辅导教师、班主任、心理兼职教师及热心于学生工作的学科教师组成的学生心理健康维护体系,使心理辅导室的咨询服务工作呈开放辐射的态势。

在校外,心理辅导室需要形成心理辅导、咨询服务的区域性专业支持网络。学校心理辅导室要积极主动地与自己所在区县的上级教育管理机构、兄弟学校和社区相关专业机构、区县精神卫生中心、心理咨询机构等社会专业机构建立密切联系,构建健全的校外心理健康教育支持体系,为广大教师、学生和家长提供心理、家庭教育咨询等专业支持,提高心理服务的质量。

二、心理辅导室的宣传

由于受传统文化的影响,许多学生对心理辅导、心理咨询有不少认识上的误区,不少想去心理辅导室的学生怕同学或旁人笑话。不少被访谈的学生认为,去心理辅导室咨询怕被同学误认为有心理疾病或精神病,尤其是在校医兼任心理辅导教师的学校,这种现象更加严重。因此,有些学校的心理辅导室几乎形同虚设。要想改变心理辅导室成为摆设的尴尬状况,学校必须要加强心理健康宣传,提高师生对心理健康的重视程度。

1. 通过宣传,消除学生对心理辅导与咨询的错误认识

学校需要通过多种途径加强对心理健康教育的宣传力度,如学校的校园网、宣传橱窗、黑板报、校园刊物、心理健康月报等,让学生了解心理辅导室的工作性质和工作方式,认识到

心理健康是健康的重要组成部分。要让学生了解接受心理健康教育并不代表着心理有问题,让大家意识到接受心理辅导和心理咨询就如同到医院看感冒一样平常。心理健康教育的目标是让健康者更健康,接受心理辅导或咨询是为了更好地促进自身成长,让学生了解心理辅导、心理咨询的保密原则、尊重原则,使他们对心理辅导室产生信赖感,消除他们对心理辅导与咨询的误解,正确认识心理辅导与咨询。

2. 熟悉或参观心理辅导室,增加学生对心理辅导室的亲近感

除了积极宣传学校的心理辅导室外,学校可以安排学生轮流去参观心理辅导室,消除他们对心理辅导室的陌生感,增加亲近感。

三、心理辅导室的开放时间与服务对象

学校心理辅导室的开放时间有定期开放和不定期开放、全天开放和择时开放等多种形式,这应视人员数量和经费状况而定。开放时间应符合求助者的需求,在开放时间内必须有咨询人员值班,但目前我国一些学校心理辅导机构的开放时间大多是择时定期开放,且时间多安排在上午或下午。这种时间模式的不足之处一是不能即时满足学生的咨询需要,二是开放时间与学生的上课时间往往存在冲突。因此,有条件的学校最好能够全天开放,不能全天候开放的,一般应把开放时间安排在中午休息或下午放学后的时间,便于学生来访。另外,实行晚自修制度的寄宿制中小学可安排晚上开放。对于个别学生的心理求助,也可以让其采取预约的方式。辅导老师和每位来访学生的面谈时间应有所控制,小学生控制在30~40分钟左右,中学生控制在40~50分钟左右。

此外,在服务对象方面,学校心理辅导室开放的服务对象主要以校内学生为主,但也要接待有心理问题求助需求的教职工和学生家长,在力所能及的范围内还要为社区及周围的民众服务。服务对象的拓展对学校心理辅导机构的自身建设,扩大心理辅导室的宣传影响,也有一定的促进作用。

四、心理辅导室提供心理辅导咨询的形式途径

学校心理辅导室可以根据咨询室设置情况和求助者的需求,提供多种形式的咨询服务,如现场咨询、通信咨询、电话咨询、网络咨询等。

1. 现场咨询

在心理辅导室现场,为来访者提供心理辅导与咨询服务。

2. 电话咨询

除了提供面对面的个别辅导与咨询外,学校还可以设立心理辅导热线,通过电话对学生进行心理辅导。

3. 网络咨询

将现代化技术运用到学校心理咨询中往往会起到事半功倍的效果。网络咨询一方面可以避免面谈的尴尬;另一方面也可以充分利用现代网络技术的便利。网络咨询一方面可以利用学校的网站,设立心理专栏,宣传介绍心理健康和心理保健知识,为更多的学生提供一

般心理辅导的机会;另一方面,心理辅导老师可以把自己的辅导邮箱或 QQ 号公开,以便于学生直接发送邮件咨询或是用 QQ 进行在线咨询。

4. 通信咨询

虽然现代网络、手机等通信技术发达,很多教师和学生都已经习惯了网络时代的信息交流模式,但传统的书信交流和咨询仍有一定的市场。心理辅导信箱具有隐密性、可靠性、普遍性及使用简便的特点,也易为广大学生所接受,是辅导室为学生提供心理辅导的一个重要途径。尤其是一些性格内向的学生,往往因为胆怯不敢踏入辅导室说出自己的困扰,在这种情形下,心理辅导信箱就显得非常重要,可以使这些学生以比较隐蔽的方式获得心理上的帮助。因此,在心理咨询室门口,可以设置心理辅导信箱,帮助学生解决学习上、心理上及生活上的一些困扰。

五、心理辅导室的具体使用

(一)个体心理辅导室的使用

个体心理辅导室承担着一对一的个别辅导咨询功能或者一对多的家庭辅导与咨询。教师在个体心理辅导室工作时,要注意营造舒适轻松的氛围,让学生有安全感和信任感,使他们能够在自己面前真实地表达自己,这有助于发现问题,并帮助他们寻求解决问题的方法策略。

1. 座位的摆放

辅导老师与来访者的座位最好呈 L 形摆放,这样辅导老师和来访者双方既能够互相捕捉到对方的目光,又不至于因为双方目光的直视导致来访者产生紧张感,使来访者能够在一种相对安全舒适的环境下真实地表露自己。另外,可以在来访者位置附近摆放可以直接抓抱的毛绒玩具,使来访者在和辅导老师沟通的过程中更加自然放松。

2. 辅导室环境的布置

咨询室的墙壁和灯光布置应柔和温馨。在咨询过程中,为了让来访者感到私密性和安全感,应把咨询室的窗帘拉上。如果咨询室空间太大,则可以放些屏风,以减少来访者在空间上的空旷感。

3. 辅导注意事项

(1) 个体咨询区建议放置无声计时器,这样比较有利于心理辅导教师掌握和调整咨询时间。

(2) 跟学生交谈时少用心理专业术语。跟来访者特别是学生进行辅导时,尽量不要使用专业、生硬的语气跟学生说话,更要忌讳使用那些"你这种心理是属于……""这是一种普遍的……现象"之类的话,除非来访者要确认相关的信息。

(3) 不经学生本人或监护人同意,不能强迫学生进行各类心理测量。

(4) 在咨询过程中要密切关注求助者情绪,如遇特殊情况应采取有效措施,并及时向校领导和有关方面人员汇报。

(5) 在预感有危险的咨询中,咨询师可选择坐在离门最近的地方,并且将门微开,以便发生意外时,咨询师可及时离开。

(二)沙盘游戏室的使用

沙盘游戏是根据荣格的分析心理学的心像和象征理论建立的一种心理治疗方法,是针对情感丰富的适应人群设计的行为表达性辅导技术。借助沙盘,以游戏的方式呈现被试内心的人际互动,进而了解其内心情感与情绪的真实状况,并使之在游戏过程中产生创伤愈合的效果。

沙盘游戏的两个基本要素是沙子和人或物的微缩模型。沙是青少年儿童最爱玩的材料之一,沙的流动性和可塑性,使人们可以任意发挥想象力,可以用它来建造自己心中的城堡、村庄、山川、河流,以及其他任何东西,因此沙盘游戏对中小学生有很大的吸引力。沙盘游戏给来访者提供了一个真实自由表达自我的机会。

1. 沙盘游戏使用对象

(1)适用于学生,学生做沙盘游戏,可以激发学生的想象力和创造力。对性格内向、不善言谈、人际交往困难、对咨询抵触等问题的学生特别适用。

(2)适用于成人如教师、家长。成人做沙盘游戏,可以提高自信心、完善自我性格、提高人际交往技巧、有效地宣泄消极情绪、释放压力等。

2. 沙盘游戏使用形式

可以个体单独进行,个体沙盘游戏可以深入展示个人的内心世界,让自己与潜意识对话;也可以由家庭一起完成,家庭沙盘游戏可以有效地改善家庭成员关系,呈现成员的无意识反馈,促进成员间深层次的心灵沟通,尤其是对培养孩子的良好性格习惯、改进家庭关系、促进学生健康的成长有积极作用;某一特定团体进行沙盘游戏,比如学生、教师等,可以促进团队凝聚力,培养相互协作精神,协调人际关系,加强成员间的交流,改善团队气氛。

3. 沙盘游戏使用注意事项

心理辅导教师在使用沙盘的时候,一定要给来访学生提供自由的、被接纳的、受保护的心理感受,因为只有置身于此种空间,来访学生才能将其内心世界通过沙盘作品自由地表现出来,来访学生的心理不适应问题才可能通过沙盘得以缓解、解决。

营造自由的、被接纳的、受保护的心理空间,可以从下述方面实现。

首先,心理老师作为沙盘的见证者支持着来访学生,老师以镇定、沉着的态度引导来访学生直视所遭遇的困难及承受的压力,使来访学生的心理协调感和安全感得以提升,并能自由地承受、接纳自己的问题。

其次,有所限定并具有包容接纳等母性原理功能的沙盘可以促使来访学生充分自由地发挥内心世界的所思所欲。优雅舒适的沙盘室为来访学生营造了安全与受保护的心理空间。

再次,咨询老师对场面的适当设定,为来访学生营造自由、受保护的感觉是必要的。最后,在沙盘游戏开始时向来访学生说明游戏的保密性,也有助于加强来访学生对沙盘室是一个自由与受保护空间的理解,增强其安全感。

（三）团体辅导室的使用

团体辅导活动可以是就某个主题,针对班级进行的,也可以是针对具有某一或某几种共同特征的学生团体进行的。团体活动是通过将团体成员聚集在一起,经过一段时间密集的活动,使每个人在团体活动过程中发生改变。在团体辅导中,学生被接纳包容,有机会充分表现自己,体验人际行为,探讨其认知的合理性。在领导者的催化及成员的互动反馈下,学生的知、情、意、行得以伸展整合,成长的障碍得到排除,复原的力量得以充分展现。

团体活动辅导室需要配备电视或视频播放设备,用于播放团体活动所需的影音资料。若学校条件许可,可以摆放一些舒适的坐垫,学生可以在坐垫上参加团体活动,不需要时也可以把坐垫收起来,这样可以有更大的空间。

（四）心理松弛室的使用

心理松弛室是个体进行放松的训练室。放松技术是通过一定的程式训练,个体学会精神上及躯体上放松的一种技术,是常用的一种行为治疗方法。放松训练具有良好的抗应激效果。在进入放松状态时,个体全身骨骼肌张力下降,呼吸频率和心率减慢,血压下降,并有四肢温暖、头脑清醒、心情轻松愉快、全身舒适的感觉。合适的音乐治疗,常可取得很好的疗效,在对学生进行音乐松弛训练的时候,音乐应因人而异地有所选择。不同人格特征的学生,对音乐的选择应有所不同,教师可以结合不同学生的需求进行音乐的选配。

1. 性情急躁的学生宜听节奏慢、让人思考的乐曲

这可以调整心绪,克服急躁情绪,如一些古典交响乐曲中的慢板部分为佳。

2. 悲观、消极的学生宜多听宏伟、粗犷和令人振奋的音乐

这些乐曲对缺乏自信的学生是有帮助的。乐曲中充满坚定、无坚不摧的力量,会随着飞扬的旋律而"洒"向听者"软弱"的灵魂。久而久之,会使学生树立起信心,振奋起精神,认真考虑和对待自己的人生道路。

3. 记忆力减退的学生最好常听熟悉的音乐

熟悉的音乐往往是与过去难忘的生活片段紧密缠绕在一起。想起难忘的生活,就会情不自禁地哼起那些歌和音乐;哼起那些歌和音乐,也同样会回忆起难忘的生活。使记忆力减退的学生常听熟悉的音乐,的确有恢复记忆的效用。

4. 原发性高血压的学生最适宜听抒情音乐

有人做过实验,听一首抒情味很浓的小提琴协奏曲后,血压即可下降 $1.3\sim2.7$ kPa。原发性高血压的学生需要的是平静的状态,最忌讳的是那些有可能使他们听后激动的音乐。

（五）心理宣泄室的使用

心理问题的最终产生,很多情况下是负性情绪不断累积的结果。因此,及时地排除负性情绪,就可以起到预防和解决心理问题的效果,而宣泄就是人们常用且有效的方法之一。宣泄的方法有很多,但其中最基本的原则是宣泄必须合理合法,要做到既不损人也不害己,并保持合适的度。一些常用的、适于中学生心理发展特点的方法可以引入到宣泄室中,如运动、呐喊、涂鸦、击打等。

在使用宣泄室的时候,要注意以下几点。

(1) 凡在心理宣泄室活动者,须遵守活动规则,爱护宣泄室物品,严禁刻意毁坏。

(2) 学生进入宣泄室进行情绪宣泄的时候,注意做好安全保护措施,要防止因宣泄过度而对自己造成的身体伤害,如有同学因用力过猛,在击打宣泄人或攻击软包墙时手脚受伤。

(3) 宣泄时间一般约为30分钟以内,应该视个人情况和心理情绪反应而定,切勿导致力竭,或者过度疲劳,具体情况由心理辅导老师把握。

(六) 心理阅览室的使用

心理阅览室作为学生和教师阅读心理学方面的书籍和期刊的场所,应做到可以让学生选择自己所需要的资料,增长心理学知识,从而得到帮助和启示,提高心理自助能力;也可以为教师提供各种心理健康教育的方法、各种心理辅导技术等方面的资料。

阅览室应该制订《心理图书阅览、借阅制度》,方便学生阅览和借阅,实现教师引导下的学生自主学习和自我教育活动,探究自我的心理、生理,培养学生良好的心理、生理卫生习惯,促进学生形成健康的心理和健全的人格。

(七) 心理测量档案室的使用

1. 配置必备的心理测试软件

测量档案室的第一个任务是开展心理测量。一般情况下,学校需要购买一定的心理测试软件,这些测试软件大都配有常见的心理量表,主要的心理量表有:智力量表,如韦克斯勒儿童智力测验(WISC)、斯坦福-比奈智力测验、瑞文推理测验等;人格量表,如Y-G性格测验、卡特尔16种人格因素测验(16PF)、明尼苏达多项人格测验(MMPI)、艾森克人格问卷(EPQ)、气质测验60题等;临床测验,如症状自评量表(SCL-90)、抑郁自评量表、焦虑自评量表等。另外,学习适应性测验、职业心理测验等也经常在心理辅导中用到。以上量表主要用于来访学生测试及定期对全体学生进行测试,量表的来源应由上级主管部门审批把关,经审批通过后,学校方可使用。大规模团体测评可在机房进行,个体测评可在办公接待区。心理咨询应有专门记录,咨询记录包括来访学生的心理状态、社会背景资料、要求咨询的主要问题、心理障碍的测试结果、各项建议和处理意见等。

2. 做好各种心理资料的收集和建档工作

测量档案室的另一个主要任务是需要做好各种资料的收集和档案的建立工作。心理辅导室的档案主要包括心理辅导室工作档案和心理咨询对象的心理档案两大类。

心理辅导室的工作档案主要是心理辅导室的工作记录,同时也是心理咨询服务的参照资料。工作档案主要是日常工作资料的收集和整理,包括心理辅导室台账、面谈预约记录表、电话咨询记录表、团体咨询记录表、咨询室日记、个体心理咨询记录表、咨询案例分析与整理、咨询室的各种计划与总结等。同时,工作档案还应准备和收集有关的录音、影像和影碟资料,如上心理健康教育课的录像、音乐放松带、音乐治疗带、一些心理影片、喜剧片、小品相声等。

咨询工作中对心理咨询对象的心理档案应及时归档整理,这不仅是对自己咨询工作的负责,也是对来访者档案资料的负责。一般学生根据需要可建立简案,而个别辅导的学生可建立详案。简案主要是状况描述,如心理健康状况、一般能力倾向、个性心理特征等;详案则应是动态的过程描述,包括干预前后的变化。

一般心理档案的内容。

(1) 学生个人资料。如档案号、年级、班级、姓名、性别、出生年月、健康状况等,其中档案号是固定不变的,只要利用这个编号,就能查到该学生。

(2) 学生在校表现资料。如学业成绩、身体状况、行为表现等。

(3) 家庭环境资料。如家庭结构、监护人与学生关系、监护人文化水平、监护人职业等。

(4) 心理咨询和心理诊断情况。主要为每次咨询的情况记录,如咨询日期、来询者、咨询员、咨询问题类别、具体咨询过程、效果评估等。

此外,心理档案中还应包括学生在日常生活学习中遭受的重大心理事件或反常行为的记录材料。

当前,档案的形式从单一文本性档案逐步转变为文本性档案与电子化档案的结合。为了减少差错,防止资料丢失,可为学生建立电子心理档案。运用学校局域网和计算机房的便利优势,可快速、科学、有效地建立学生的电子心理档案,并自动排查心理普查中出现问题的预警同学,自动统计分析各班级的整体心理状况。加密处理后的电子档案,既易于保密,便于贮存,又便于调整,利于使用。这样既保证了资料管理的准确规范、安全可靠,又大大提高了工作效率。此外,档案的对象应该从针对学生个体的个别化档案逐步转变为个别化档案与群体化档案的结合;档案的信息应从较多静态性信息逐步转变为静态性信息与动态性信息的结合。许多学校都在学生刚进校时对学生进行心理测量,建立学生心理档案,这是静态性信息。随着学生的成长,还要及时建立反映学生心理状况的动态性信息,不断丰富学生的心理档案,形成能反映学生心理成长轨迹的档案库,为心理咨询服务以及整个心理健康教育提供发展性的资料。

六、心理辅导室的拓展使用

1. 学会主动出击,把心理辅导室的工作延伸到学生生活中

心理辅导室应该坚持发展性心理辅导为主、障碍性心理辅导为辅的理念,在日常的心理辅导工作中要学会主动出击。好多学校的心理教师犹如医院里的大夫,整天坐在咨询室里,守株待兔般等着学生找上门来咨询,不能主动地到学生中间走一走,访一访,了解一下学生心理上的真实困惑。由于不了解学生,所以不管是集体讲座还是个别辅导,都谈不到学生的心里去,不能引起学生共鸣,久而久之,学生也就对其失去了兴趣。作为心理辅导教师,不能总是被动地坐在辅导室里等待学生来敲门,应该想出各种切实可行的方法让学生愿意来敲门。最好的办法就是应该主动出击,从心理辅导室中走出来,走到学生中间去,融入学生精彩生动的世界。一方面,可以跟学生面对面座谈采访,了解他们目前学习生活中遇到的各种问题及他们存在的一些心理上的困惑;另一方面,可以通过问卷调查的方式,如纸质问卷、网络调查等调查方式,对学生的心理状况进行摸底。只有这样,教师才能真正了解学生目前的所思、所想、所困、所惑,才能在工作中有针对性地采取切实有效的辅导方法策略,对学生可能出现的心理问题做到提前预防,由被动变主动,切实提高心理辅导的成效。

2. 心理辅导室应成为家长心理培训与辅导的重要组织者

学校的心理辅导室不仅要为本校的学生提供心理服务,而且也应该关注学生家长的心理状况和对心理教育的需求。之所以要把心理健康教育延伸到家长学校,是因为每一个孩子的成长都离不开家庭的教育,每一个因心理不健康而患心理疾病的事例也同样有着家庭的影响,父母的教育理念、教育方式,家庭教育的环境都直接影响着孩子的心理健康,影响其健全人格的形成。因此,心理辅导室应该把心理教育延伸到家长学校,在日常的家校沟通实践中发挥主导作用,可以充分利用家长会、家长学校培训等契机,为家长开设关注孩子心理发展、培养孩子的健康人格方面的讲座或是开展小型的家长座谈辅导,帮助家长树立正确的家庭教育观念,寻找有效处理各种问题的方法策略,使得他们能更好地帮助孩子解决成长中遇到的各种困惑。

3. 心理辅导室要成为学校校园安全的重要维护者

校园安全除了一般意义上的生命安全之外,还应该重视校园心理安全和校园危机的预防。心理辅导室要帮助学校处理出现的紧急事件,如同学纠纷、亲人病重、意外事故等,并对有消极念头和自杀倾向的学生进行危机干预和紧急心理援助。在辅导咨询中,要找出原因,帮助他们学会从挫折中吸取教训,从逆境中奋起,同时引导他们用一种积极的心态来看待事物,培养对生活的情感,缓解其心理危机。

4. 心理辅导室要为中学生的职业选择提供指导

当前,国家教育相关部门非常重视学生的职业生涯规划教育。《国家中长期教育改革和发展规划纲要(2010—2020年)》和《上海市中长期教育改革和发展规划纲要(2010—2020年)》都明确提出"要建立学生发展指导制度,加强对学生的理想、心理、学业等方面的指导"。《中小学心理健康教育指导纲要(2012年修订)》提出"高中年级心理健康教育要让学生在充分了解自己的兴趣、能力、性格、特长和社会需要的基础上,确立自己的职业志向,培养职业道德意识、担当意识和社会责任感"。因此,心理辅导室应该积极参与到学校的职业生涯教育中来,充分发挥心理测试等方面的专业特长,要为本校学生提供必要的人格、气质、职业兴趣等方面测试,还可以通过校园网、校报、黑板报、专家讲座等形式对学生进行职业选择与规划指导,志愿选择填报指导等。

第二节　学校心理辅导室的管理制度

制度是管理的基础与前提。俞国良教授认为:"学校心理辅导制度是教育行政部门为了贯彻执行国家和政府的各项心理健康教育政策,保障学校心理辅导工作顺利开展,依照法规、政策而制定的心理健康教育规则、规程或行动准则,即学校心理辅导工作的规章制度,包括学校心理辅导的根本制度、基本制度和具体制度。"[1]《上海市中小学心理健康教育达标校和示范校评估指标》明确要求达标校需要做到"学校将心理健康教育贯穿于教育教学全过程,有相应的激励机制或保障制度。心理辅导室(中心)的管理制度健全,工作规范明确"。在此基础上,示范校还要求"构建全员参与的心理健康教育工作体制,在学科教育教学活动中渗透心理健康教育理念,并在教学实践中充分体现"。在这里,主要讨论学校心理辅导室的管理制度。

教育部办公厅印发的《中小学心理辅导室建设指南》(教基一厅函〔2015〕36号)明确:"心理辅导室是心理健康教育教师开展个别辅导和团体辅导,帮助学生疏导与解决学习、生活、自我意识、情绪调适、人际交往和升学就业中出现的心理行为问题,排解心理困扰和防范心理障碍的专门场所,是学校开展心理健康教育工作的重要阵地。"《中小学心理健康教育指导纲要(2012年修订)》(教基一〔2012〕15号)也指出:"心理辅导室是心理健康教育教师开展个别辅导和团体辅导,指导帮助学生解决在学习、生活和成长中出现的问题,排解心理困扰的专门场所,是学校开展心理健康教育的重要阵地。"学校心理辅导室的管理,需要建立规范的管理制度,管理制度是促进中小学心理辅导室的标准化、规范化建设的需要。学校心理辅导室只有建立了规范的管理制度,才能保证心理辅导室工作的规范化与科学化,也才能促进学校心理咨询的专业化发展。2011年,上海市教育委员会印发的《上海市中小学和中等职业学校心理辅导室装备指导意见(试行)》(沪教委德〔2011〕57号)文件,不仅对心理辅导室的主要功能、基本配置和各项仪器的配置标准都作出了明确规定,同时也提出了"建立健全心理辅导室的管理制度,完善运行机制"的要求。《浙江省中小学心理辅导室建设标准和运行规范(试行)》也提出:"中小学心理辅导室应根据省中小学心理健康教育指导中心的相关规定逐步建立科学、健全的辅导工作制度,包括辅导室使用及管理制度、辅导人员工作职责、辅导室值班制度、辅导预约制度、辅导反馈制度、辅导档案建立与保管制度。"

学校心理辅导室的管理制度主要包括心理辅导工作的管理制度和心理辅导人员的管理制度。从学校心理辅导工作来说,既包括个别辅导,也包括团体辅导;从心理咨询人员来说,既有心理咨询师,也有学生心理辅导员。当然,学生心理辅导员其实属于广义的心理健康教育工作者。俞国良教授认为:"应加强心理辅导室的制度建设,明确规章制度、工作规程、咨询程序、职业道德和伦理规范等,建立健全心理辅导的预约、咨询、反馈、追踪调查等规则,明确规定心理辅导室的服务群体、开放时间,以及心理辅导教师每周需进行心理辅导的时数。"[1]学校心理辅导室应该建立完善的管理制度,以保证学校心理咨询工作顺利进行。一般而言,学校心理辅导室的管理制度应该包括心理危机预警、防范、处置、干预制度,心理咨询室工作制度,心理咨询室值班制度,心理咨询登记制度,心理咨询预约制度,个别辅导工作制度,心理咨询转介制度,心理咨询热线接待制度,个案记录制度,心理档案管理制度,学生心理社团工作制度,学生心理委员(小辅导员)培训工作制度,心理健康教育社区服务制度,学校心理咨询师职业道德规范,学校心理咨询师工作守则,学校心理咨询师督导制度,心理辅导教师培训制度等。在这里,重点对个别辅导,团体辅导与心理危机预警、防范、处置、干预制度,学校心理咨询师与学生心理辅导员的工作规程、工作要求等方面的管理制度逐一讨论。

一、个别辅导的管理制度

1. 学校心理辅导室应建立预约制度

预约可以通过电话预约、网上预约、面谈预约等方式进行。对于来访者的预约,咨询师一般应先介绍自己的身份,同时确认对方是否是来访者本人;了解来访者对咨询师是否有特别的要求;根据来访者的时间安排,确定面谈时间;告诉来访者心理辅导室的位置,并确保对方知道如何到达心理辅导室;结束预约前,可以重复一下约见的时间和地点,让对方感受到咨询师很愿意和他面谈并提供帮助。对于值班人员而言,要做好预约记录,并填写好预约登记表。有学者认为:"值班人员的主要任务是接受来访者的预约或者电话预约,并做好预约记录。预约记录包含来访者姓名(或称呼,代号)、性别、年级、联系方式、预约时间、预约咨询师、咨询问题、记录员、备注等内容。预约记录的主要作用在于,一是可以为之后的咨询工作提供一定的资料;二是保留咨询工作档案,做到有案可查,为以后的回访或者后续工作做好准备。"[2]值班人员也要像心理咨询师一样严格遵守个别辅导的预约制度。预约后,值班人员要及时与咨询师联系沟通,做好咨询准备。如果双方有任何临时性变化,都需提前告知对方,并取得对方谅解。如果是他人(老师、同学或家长等)代为预约,需了解当事学生是否愿意前来,确认是否进行预约。

表2.1 ××学校个别辅导预约登记表

班级	姓名	登记时间	预约时间	求询问题	备注

2. 学校心理辅导室应建立个别辅导工作制度

咨询师接待来访者时,需要做好台账记录,台账可以包括咨询日期、来访者的姓名(或称呼,代号)、学校、性别、年龄、咨询次数、咨询问题以及咨询师姓名等。如果来访者有预约,还要注明预约编号等信息。对于首次参加咨询的来访者,必须进行知情同意,最好与来访者签署知情同意书。咨询师在与来访者初步建立咨访关系后,需对来访者的问题及性质进行判断,必要时可以借助量表等方法作出初步结论,以确定是否继续进行咨询。如果来访者的问题不适合自己,应向来访者作出明确说明,并依据来访者的情况和需要进行转介。咨询中,咨询师应与来访者协商确立咨询目标,并依据自己的专业知识,商讨咨询方案。如果确因工作需要或私人原因需临时外出时,要对已经开始的心理咨询作出适当安排,以保证不损害来访者的利益。每次咨询时间一般不超过一小时,在咨询过程中不要随意中断咨询。在咨询结束时,咨询师可以根据面谈情况以及来访者需要,商量下次面询时间。在咨询中如果觉察来访者的行为反常,对其本人或他人可能造成伤害时,应该立即向有关机构和人员通报,并尽可能获得其他专业人员的帮助。应急处理后,还应及时做好来访者的心理疏导工作。

3. 学校心理辅导室应建立转介与结束制度

学校心理咨询师对于不适合自己的来访者或自己不擅长的来访者问题都需要做好转介工作。如果来访者认为咨询师不适合自己,也可以要求转介。咨询师需要按照辅导计划提前告知来访者结束日期,便于来访者做出适当处理,也可以与来访者讨论关于辅导结束的看法。当来访者不再受益,或来访者提出不需要继续辅导,或受主客观等因素影响,咨询师难以继续提供有效帮助时,咨询师可以征求来访者同意提早结束辅导或转介。

4. 学校心理辅导室应建立档案管理制度

心理档案应包括学生的基本情况、心理健康测量情况、咨询记录等。教育部办公厅印发的《中小学心理辅导室建设指南》提出:"心理辅导室应为学生建立成长信息记录。一般包括学生的基本情况、家庭情况、心理状况、辅导记录等。"有学者认为:"心理档案可分为咨询记录档案和新生心理档案。咨询记录档案的内容一般包括来访者的基本情况、家庭情况、目前的身心状况、咨询的主要问题及咨询的评估和鉴定。新生心理档案的内容一般包括学生的基本情况、家庭情况、家族史、学生的心理状况。学校建立新生心理档案可以对每一位入学新生的心理状况作出评估,及早发现学生中存在的心理问题,进行预防性心理辅导。"[2]

有学者认为:"心理辅导室须对心理辅导工作中的学生成长信息,如心理辅导面谈记录、热线辅导记录等,要有明确的规章制度加以规范和管理。"[3]对学生的个别辅导应做好详细的记录,并归入来访者的辅导档案。教育部办公厅印发的《中小学心理辅导室建设指南》提出:"辅导记录一般包括学生目前的心理状况、辅导的主要问题及问题的评估和鉴定,并有相应的分析、对策与辅导效果评价。学生成长信息记录、测评资料、信件、录音录像和其他资料,应在严格保密的情况下保存。"咨询室档案中的所有材料应由专人管理,不得随意外借。有学者认为:"需尊重来访者,严守秘密,在来访者同意的前提下填写《心理咨询个案记录》,并由专人保管。"[4]尊重来访者意愿,保障其合法权益,未经来访者允许,不得泄露任何有关来访者的资料。有关资料如需要用于教育教学等用途时,需征得本人同意,用后及时归还。在个别辅导中形成的档案、记录和测量结果均不得泄露。各类咨询记录、笔录材料、信函、测验资料、录音等均应作为专业资料予以保密,只有征得来访者同意后,才能提供给他人翻阅与使用。

5. 学校心理辅导室应建立其他有关咨询制度

"心理热线"是一种心理辅导形式,接待工作就必须符合心理辅导的专业要求。对于热线咨询员而言,要明确自己的专业角色,要防止由于角色冲突而影响辅导效果;要准时到岗,用语文明,规范接待,遵守值班要求;要遵守倾听、尊重、真诚、同感等基本咨询要求,严格遵守保密原则,不得公开当事人的个人资料,不得私自带出、随意引用电话记录资料。热线咨询员与当事人的关系要得当,不得利用心理热线与当事人建立非工作关系,更不得收受当事人的礼物,做出指导性建议时要避免因个人情绪、成长经历等主观臆断。要建立热线咨询员培训与督导制度,促进他们的专业成长。对不适合通过电话咨询解决的个案和自己难以解决的个案,应建议来访者来心理辅导室面询。对需要紧急危机干预的当事人,须及时采取措施,做好危机干预工作。如果设有专门的邮件咨询,学校心理辅导室在收到邮件后3个工作日以内应安排咨询师进行回复。根据求助者的实际情况和需要,决定是否继续进行邮件咨询,或者建议来访者面询,甚至进行危机干预处置。

二、团体辅导的管理制度

团体辅导是学校心理咨询中的一种重要形式。学校心理辅导室在每学期初应制订相关的团体辅导计划并负责落实,做好记录。在实施团体辅导之前,应充分考虑团体辅导的问题类型、互动程度、活动场所、辅导氛围等因素,有效实施团体辅导计划。团体辅导适合于学业辅导、人际关系辅导、职业生涯辅导、适应能力辅导等领域,但应该对不适合团体的个人特质,难以照顾到的个别差异,可能会在团体中受到伤害的成员等方面考虑周全。开展团体辅导时,事先应设定守密标准和团体规范,并采取合理的预防措施,避免个人在团体互动中受到任何心理伤害。在进行团体辅导活动中,应要求成员:注意力集中于此时此地;具有开放心态;真诚地表现自己;自由地表露意见和看法;接受挑战;无条件地接纳别人;觉察自己的感受;分享伙伴的惊喜与烦恼;保守秘密。团体辅导结束后,需要对团体计划、团体过程、团体效果等方面进行评估。关于学生的团体辅导记录应由专人管理,不得外借。

三、心理危机预警、防范、处置、干预制度

教育部办公厅印发的《中小学心理辅导室建设指南》提出:"心理辅导室应建立心理危机干预机制。明确心理危机干预工作流程,出现危机事件时能够做到发现及时、处理得当,给予师生适当的心理干预,预防因心理危机引发的自伤、他伤等极端事件的发生。"《浙江省中小学心理辅导室建设标准和运行规范(试行)》也提出:"中小学心理辅导室应逐步建立心理危机干预和转介机制,制定心理危机干预工作流程,出现危机事件时能够做到发现及时、处理得当、干预有效,避免因心理问题引发的自残、自杀等极端事件的发生。中小学心理辅导室应与精神卫生等专业医疗机构建立畅通、快速的转介渠道,如发现需要转介的情况及时转介,转介过程记录详实,建立跟踪反馈制度。"学校要成立心理危机干预领导小组,建立各类心理危机事件预警、处置预案和干预制度,有应对心理危机的培训、演练方案。学校的学生心理健康教育预防网络应健全,且有效运作,与上级心理健康教育中心、校内外医疗机构建立心理危机预警、预防、干预和转介等有效制度。

1. 心理危机预警制度

学校要做好学生心理危机早期预警工作,提高师生对心理危机的认识,激发学生对心理危机的求助互助意识,发挥教师对心理危机的预警作用。通过学生心理健康档案,筛选出心理危机高危个体,将名单报告给学校心理危机干预领导小组。班主任要对以下重点学生进行有针对性的排查:①学习困难和突遭学习失败的学生;②有早恋倾向的学生;③多门学科考试不及格的学生;④家庭经济特别困难和突失亲人的学生;⑤不合群、孤独、沉默寡言、性格偏执等特殊学生。排查结束后,将名单报告给学校心理辅导室。要建立学校心理咨询师关于学生心理危机情况报告制度,在值班期间一旦发现学生有心理危机,要及时将相关信息上报给学校心理辅导室。对于从各种渠道报告上来存有心理危机的学生,由学校心理辅导室进行及时的心理危机风险评估。对于不确定或评估困难的,可及时进行转介。对于预警中发现具有心理危机的学生信息,应注意保密。

2. 心理危机防范制度

学校要建立学生心理健康教育的三级预防网络,形成学生心理危机防范制度。一级预防可由班级完成,班主任、学科教师和班级心理委员要切实承担起预防职责;二级防范可由学校心理辅导老师承担,必要时要告知家长一起参与;对于有严重心理障碍和心理疾病的学生,要启动三级防范,由学校心理辅导老师制订转介计划,并经学校心理危机干预领导小组审定并备案。

对于有心理危机倾向和处于心理危机状态的学生要建立心理危机防范制度。对于有重大影响的生活事件发生,情绪剧烈波动,认知、躯体或行为有较大改变,且用平常解决方法无

法应对的学生要注意防范风险。对于超过半个月情绪低落者;过去有过自杀企图的行为者;存在学业失败、躯体疾病、家庭变故、人际冲突等情况的突遭重挫者;家庭亲友中有自杀史或自杀倾向者;性格有明显缺陷者;有强烈的罪恶感、缺陷感或不安全感者;社会支持系统长期缺乏或丧失者;有明显的精神障碍者;有明显的攻击性行为或暴力倾向,或其他可能对自身、他人、社会造成危害者都要重点关注与防范。

在校期间,对于有心理危机的学生要进行监护。对心理危机程度较轻,能在学校正常学习者,学校应成立以班主任、学生干部或同学组成的不少于三人的监护小组,及时了解该生的心理与行为状况,对该生进行安全监护,监护小组应及时向学校汇报该生的情况。对于心理危机程度较高但能在校坚持学习并接受治疗者,学校应向家长说明情况,家长如愿意将其接回家治疗则让学生休学回家治疗;如家长不愿意接其回家则在与家长签订书面协议后可由家长在校陪伴监护。经评估确认有严重心理危机者,学校应及时通知学生家长立即来校,并对学生作休学处理,让家长将学生接回家或送医院治疗。在学校与学生家长作安全责任移交之前,学校应对该生进行24小时特别监护。对心理危机特别严重者,学校应派人协助保卫人员进行24小时特别监护,或在有监护的情况下送医院治疗。对出现危机事故的学生在医院接受救治期间,学校也要指派相关人员根据医院要求在病房进行24小时特别监护。

3. 心理危机处置制度

对于学生突发心理危机的紧急处理,学校相关部门的负责人在闻讯后应立即赶赴现场,并立即报告给心理危机干预工作领导小组。各部门在接到通知后应派人立即赶到现场,进行紧急援救。危机处置需遵循生命第一原则,最大限度地保护学生的人身安全。现场紧急救助各部门职责如下:心理危机干预工作领导小组负责现场的指挥协调并协助有关部门对事故进行调查取证,配合医疗部门对学生进行医疗救护过程中的安全监护,同时负责制订心理救助方案,实施心理救助,稳定当事人情绪;学校办公室(总务处)负责保护现场,配合相关人员对当事人实施生命救护;校医疗部门负责对当事人实施紧急救治,或配合相关人员护送其转至相关医院治疗。当学校发生心理危机事件时,需要保障各种人员的安全,通知与召集有关方面提供援助;保护现场,等待有关方面的援助和处理;运送伤员,确认伤亡情况;启动预案,进行危机事件信息的搜集、整理与上报;与当事人的家长联系沟通。学校还要指定专门的发言人,委婉地拒绝媒体对当事人的反复采访,撰写专门供媒体使用的事件通稿。

4. 心理危机干预制度

危机干预是一个短程的帮助过程,是对处于困境的人给予关怀和帮助的一种方式。学校应成立心理危机干预工作领导小组,建立学生心理危机事件干预预案,明确当学校发生学生心理危机事件时的干预流程、职责分工、操作规范和伦理要求。对疑似有心理危机学生进行评估时,学校心理咨询师需会商、评估危险等级,形成初步的心理危机干预方案。对危机程度不高者,报告行政领导,密切观察随访;24小时监护,24小时后再评估,可以通知父母,可在校接受心理辅导。对危机程度较高者,报告行政领导,密切观察随访;通知其父母,24小时监护,建议在专业机构接受心理干预。对危机程度极高者,通知其父母,立即将其转介至专业机构进行心理治疗。

学校要建立心理危机干预的定期会议制度,对各重点预警学生、被转介学生的心理干预情况进行分析,对学校教育教学中可能引发学生心理问题的现象制订干预措施。对于学校可调控的引发学生心理危机的各种刺激物,有关部门应及时阻断,以消除对危机个体持续不良的刺激。对于危机个体遭遇刺激后可能攻击的对象,学校应采取保护措施。心理咨询师在接待有严重心理危机的学生来访时,在其危机未解除的情况下,应不让学生离开,并立即报告给学校心理危机干预工作领导小组。在心理危机干预过程中,学校心理咨询师应积极帮助协调资源,邀请专家对案例进行会诊,或建议转介至市(区)精神卫生中心。学校心理辅导室应对心理危机干预中形成的资料做好相应的档案管理工作,留存危机干预全过程的详细书面材料,并做好保密工作。

四、心理咨询师的管理制度

1. 应建立学校心理咨询师的岗位责任制度

学校心理咨询师应热情接待来访者,学会倾听,做好咨询与记录工作。及时整理来访者的资料,做好分析、总结和归档工作,严格遵守保密原则。有学者提出,心理咨询教师岗位责任制度有:"①心理咨询教师应经过专门培训,掌握基本的心理咨询技能。②按规定时间值班,不迟到、不早退。热爱心理咨询、辅导工作,有较强的责任感和事业心。真诚、热心、耐心地对待每一位来访学生。③以来访学生的利益为重,尊重来访学生的隐私权,为来访学生保密。④在需要心理测验的时候科学使用心理测验和结果。⑤咨询教师因自身局限而不能进行咨询时,应及时将来访者转介其他咨询机构或其他咨询员。⑥咨询教师应定期参加培训,经常接受上级咨询师的指导和咨询,不断提高自身的咨询水平,并保持良好的身心健康状态。⑦不断钻研咨询业务,努力提高咨询业务水平,做到自我成长。⑧设立心理信箱,并负责心理信件的收集、整理、回信和存档工作。⑨负责心理咨询室的其他日常工作。"[4]有学者也提出,心理咨询人员的职责有:"①负责全校学生心理健康状况以及学生学习动机、态度等的调查、分析,建立学生心理档案。②制订全校性的教育计划和培养方案。③实施对学生的个别心理咨询与团体心理辅导,对极个别的学生还要进行个案的追踪。④有计划地开展学生的专项心理行为训练。⑤指导有关教师撰写心理活动课的教案,指导班主任开展班级心理辅导工作。⑥能参与心理教育活动课的教学工作。⑦设计有效可行的工作、管理程序和设计一系列的工作表格等。⑧能积极参加社区的教育活动。⑨收集、整理心理健康教育的相关资料。⑩开展心理健康教育的科研工作。"[5]虽然学者对学校心理咨询师的岗位责任可能会有不同的理解,但概括起来不外乎有课程教学与活动、心理测评与建档、咨询服务、危机预防与干预、科研与督导培训等方面,应分别对这些方面作出制度规定。

2. 应建立学校心理咨询师的工作制度

心理辅导室至少应配备一名专职或兼职心理健康教育教师,专兼职教师需取得相关资格证书,并定期接受一定数量的专业培训。教育部办公厅印发的《中小学心理辅导室建设指南》提出:"心理辅导室定期对学生开放,可视学生数量和学校心理健康教育实际情况确定具体开放时间。原则上,学生在校期间每天均应开放,课间、课后等非上课时间应有一定时间向学生开放,并安排专人值班。"有学者认为,咨询室值班工作制度包括:"①坚持轮值制度、准时上下班。②每天上班时,要做好咨询室的内务整理工作。③对来往文件、信息要及时做好上传下达的工作。④值班期间要接待来访者、接听咨询电话、做好记录。⑤认真做好个别咨询辅导工作。⑥认真做好本职工作。⑦不得随意请假和开放、关停咨询室。⑧值班期间不得擅自离开咨询室。⑨不得在咨询室聊天、大声说话。⑩不得在咨询室接待外来人员。"[6]对于学校心理咨询师的日常工作,还应制订工作守则,这是保证学校心理咨询师完成岗位职责的前提与基础。有学者提出,咨询人员的《工作守则》有:"①咨询人员要保持高尚的职业道德和严格遵守专业操行,要具备优良的个性修养和保持良好的行为规范。②应尊重来访学生人格的完整,爱护和关心来访学生,不得摆老师架子。③热情接待来访学生,消除其咨询畏惧,增进其亲切感和信任感。④建立正常的咨询关系,在无法提供专业帮助时,应拒绝建立或终止咨询关系。⑤耐心聆听来访学生的倾吐,不得嘲笑学生和显出厌烦神态。⑥认真做好咨询谈话记录,多次谈话要建立咨询个案档案。⑦以积极的态度、科学的方法进行答疑、解惑和辅导学生。⑧对特殊的来访学生,要进行家访和个案追踪。⑨保护学生隐私,咨询资料必须保密,教学科研用其资料须绝对保护当事人身份。⑩若当事人可能伤害他人的人身安全,或自身处境紧急、危险,应及时报知有关部门。"[6]总之,学校心理咨询师应在学校心理健康教育领导小组领导下,充分利用学校心理辅导室和其他资源以及区域内心理健康教育资源,积极主动地开展心理健康教育和心理咨询工作;应热爱本职工作,积极参加有关专业培训和督导等业务活动;应遵守学校有关工作制度以及咨询师岗位工作制度,按照教育部《中小学心理健康教育指导纲要》中"开展心理辅导必须遵守职业伦理规范,在学生知情自愿的基础上进行,严格遵循保密原则,保护学生隐私,谨慎使用心理测试量表或其他测试手段,不能强迫学生接受心理测试,禁止使用可能损害学生心理健康的仪器,要防止心理健康教育医学化的倾向"有关规定开展工作。教育部办公厅印发的《中小学心理辅导室建设指南》也提出"谨慎使用心理测评量表或其他测试手段,并在学生及其监护人知情自愿基础上进行,禁止强迫学生接受心理测试,禁止给学生贴上'心理疾病'标签,禁止使用任何可能损害学生身心健康的仪器设备"。

3. 应建立学校心理咨询师的督导与培训制度

心理辅导室应建立教研活动、典型案例讨论、专家督导等制度。咨询师应充分认识到督导的意义,定期接受专家督导。为了更好地为来访者服务,同时也为了咨询师自身的专业成长,咨询师应积极接受专业督导。即便缺乏专业督导,也应尽量寻求同行的专业帮助。既要建立个案督导制度,还要建立团体督导。关于个案督导,有学者认为:"次数:保证每学期一次。督导形式:专业的一对一督导。督导内容:更清楚地了解个案情况,更清晰地把握个案脉络,更专业地掌握咨询技巧,进一步了解自我、完成个人成长。"[4]关于团体督导,有学者认为:"督导形式:小组。督导内容:在团队中共同提高,共同成长。"[4]学校还要有计划地举办各类心理健康教育培训班,以提高专兼职教师的专业素养和伦理意识。

五、学生心理辅导员的管理制度

有条件的学校可以探索在各班建立学生心理辅导员(心理委员)制度。作为一种专业的辅导活动,不仅要保证它的科学性,还要保证它的运作符合专业伦理的要求,这就需要建立有关的管理制度。有学者认为:"心理委员必须遵守的原则:①保密性原则,对于涉及同学个人隐私的内容,需要保密;②积极关注原则,不以道德的观念去评判同学的对错,尊重同学的价值观与人生观取向;③助人自助原则,不是替同学出主意、想办法,而是帮助同学想清楚问题的所在,并找出解决问题的方法。""心理委员必须遵守的纪律:①须准时参加培训与活动,不得无故迟到或早退;②连续2次无故不参加培训和活动者取消考试资格;③不认真履行职责者,取消颁发证书资格。""心理委员权利:①优先参加协会的各项培训、值班及心理中心的各项活动,期末奖励德育学分;②有提案权、表决权;③参加'优秀学生干部'的评选。心理委员义务:①在班级普及宣传心理健康知识,将心理健康教育渗透到学生中;②适时组织班级心理健康活动,促进同学心理健康水平;③及时发现班级有心理危机的学生,有效协助心理辅导员做好危机干预工作。"[7]

学生心理辅导员主要的工作是关注和了解同学的心理健康、生活和学习情况,多和同学沟通,观察同学情绪状态,如果同学中有特殊情况及时反映给心理老师。具体来说包括普及心理知识,组织心理健康活动,反馈学生心理信息,提出心理教育建议,接受心理专业培训,进行自我心理调整,帮助同学排忧解难。学生心理辅导员的制度建设,一是逐步建立辐射到每个班级的学校心理健康监控体系,及时发现和预防学生中的心理问题,减少校园危机事件,做到提前防范、实时监控、及时疏导;二是逐步建立辐射到每个班级的学生心理素质提升体系,通过团体辅导、心理健康活动月等发展性心理健康教育,开发学生潜能,健全学生人格。为了保证学生心理辅导员的专业性,应建立由专业心理老师对他们进行针对性培训的制度;定期组织工作例会制度,报告本班同学对心理知识的需求,以及心理动向、心理困惑、工作建议等,对班级中可能出现的危机事件提出讨论分析等。

第三节 学校心理辅导室的使用制度

教育部办公厅印发的《中小学心理辅导室建设指南》明确规定:"心理辅导室应设置个别辅导室、团体活动室和办公接待区等基本功能区域,有条件的学校也可单独设置心理测量区、放松室、自主自助活动区等心理健康教育拓展区域。"上海市教育委员会印发的《上海市中小学和中等职业学校心理辅导室装备指导意见(试行)》中提出:"心理辅导室的功能区域一般应包括心理辅导教师办公区、心理辅导活动课专用教室、团体心理辅导区、个别心理辅导区、心理测评档案区、心理放松区和心理阅览区等。"《浙江省中小学心理辅导室建设标准和运行规范(试行)》也提出:"中小学心理辅导室的功能区域一般可划分为办公接待区、个别辅导区、团体游戏区(包括小团体辅导与心理辅导课专用教室),有条件的学校还可以设置心理放松(宣泄)室、心理测评档案室、心理阅览室、生涯规划室等区域。心理辅导室的各部分功能区域可以单独建室,也可以兼容、共享使用。"有学者也对心理辅导室功能区作如下划分,见下表。[8]

表2.2 心理辅导室功能区

区域名称	功能
教师办公室	心理辅导办公和存放相关教学、档案资料的场所

(续表)

区域名称	功能
个别咨询室	接待个体来访者,进行个别心理咨询
团体活动室	兼有心理活动课教室和团体辅导室的功能,是心理咨询师开展心理活动课教学和针对某一心理问题进行室内团体辅导、游戏辅导的场所
心理宣泄室	来访者宣泄情绪的场所
沙盘游戏室	心理投射测验
心理放松室	来访者放松心情、调适心态平衡的场所
心理训练/测量室	为来访者进行团体及个别心理测量,建立心理档案
其他辅助心理室	依需要和条件建设

为了保证学校心理辅导室的使用效益,必须建立各功能区域的使用制度。一般而言,各功能区域都应该制订使用制度。由于各校条件不一,各功能区域的划分也不完全一致,在这里,主要讨论心理辅导教师办公区、心理辅导活动课专用教室、个别心理辅导区、团体心理辅导区、心理测评档案区、心理放松区和心理阅览区的使用制度。

一、心理辅导教师办公区使用制度

心理辅导教师办公区是心理辅导教师处理日常咨询事务、接待来访者、受理咨询预约的必备场所。工作人员须在规定的时间内按时到岗、按时下班。保持室内环境整洁舒心,爱护室内公共财产。接待来访者时必须热情周到,工作细致认真。及时做好台账,整理来访者的资料,并做好分析与总结。如果发现来访者有危害自身和他人的情况,应该采取必要措施,及时向领导反映,但应将有关信息的暴露程度控制在最小范围内。有关资料不可外借、复印,未经同意不得随意带出办公室。工作完毕,关好门窗,做好安全保卫工作。

二、心理辅导活动课专用教室使用制度

心理辅导活动课专用教室是学校为开展班级心理辅导活动配置的专用教室,其主要用途在于关注全体学生的心理健康水平,提高全体学生的心理素质,开展面向全体学生的心理健康教育活动。

心理辅导活动课专用教室由心理辅导教师负责统一管理。根据配备标准和教学要求,心理辅导教师及时申购器材与设备,保证教学正常进行。所有物品按专用教室规定摆放,使用后物归原处。每学期结束前,对专用教室财产进行全面清查核对,及时完成各种统计、存档和上报工作。

专用教室使用者必须事先做好使用登记,按规定使用器材,保持环境整洁,遵守教学秩序,做好安全维护工作。学生进入心理辅导活动课专用教室后,要听从老师安排,不得随意换位,保持安静。开始小组活动前,要检查核对所用材料、工具是否齐全,如有不符及时向老师报告。活动过程中要保持良好的课堂秩序,积极参与,有疑难时请老师帮助,如遇偶发事

故报告老师处理。活动结束后,应将使用过的非一次性材料放回原处,整理好桌椅。每天活动结束,要进行打扫,保持室内整洁,关好门窗。

三、个别心理辅导区使用制度

个别心理辅导区是为学生提供单独心理辅导的必备场所,主要用于对来访者进行面谈式的心理辅导。只有专业的学校心理咨询师才能进入个别心理咨询区,对来访者开展个别心理咨询服务,未获得相关专业资格的人员不得进行个别心理咨询工作。学校心理咨询师要在规定的时间内按时到岗,保证心理咨询工作正常进行,严格遵守工作纪律,遵守真诚、理解、尊重、保密的原则。心理咨询师应做好咨询个案记录,内容主要包括来访者的基本情况、主要问题、咨询过程、咨询建议、咨询效果及其他事项。咨询师要及时整理来访者的咨询材料,并将咨询个案记录归档。在咨询过程中,如发现来访者有危害其自身生命或危及他人安全等情况,应立即采取必要措施,及时上报或转介相关部门,防止意外事件的发生。咨询师和来访者都需自觉爱护辅导室内的设施,保持室内环境整洁、优美、舒心。咨询结束后,须关好门窗、电脑,锁好存放来访者资料的橱柜,切断电灯、电脑等电器设备的电源,以保证安全。

四、团体心理辅导区使用制度

团体心理辅导区是学生小组开展团体心理辅导活动的场所,可以在此区域开展小组心理训练、团体心理游戏、心理剧排演等活动。团体心理辅导区按预约安排表进行使用,团体成员应积极配合辅导教师工作,维持辅导的正常秩序。团体成员在辅导过程中要做到:真诚、开放、信任他人,并对他人的言语和行为保密;自觉保持公共卫生清洁,做到言行文明得体;自觉爱护辅导设施,使用后物品归放原处,桌椅恢复原状。团体辅导教师离开时必须关窗,切断电灯、电脑等设备的电源。

五、心理测评档案区使用制度

心理测评档案区是用于心理测评及建档、存档的必备场所,也是心理专用测试仪器存放、使用的区域,任何仪器设备不得搬离该区域。仪器设备全部分类存放,合理排列,定橱定位,定期保养,及时维修。应保持各种仪器设备性能良好,使用结束后进行必要检查后入橱。管理员对各仪器设备的安全负有直接责任,每学期都应对所有仪器设备进行检查,如有损坏应及时上报,以保证设备的正常使用。

咨询师和来访者进入心理测评档案区后,应保持安静和环境的整洁。来访者操作使用仪器时须严格按照各仪器的使用说明书进行,对仪器轻拿轻放,使用时注意安全。如果在操作时遇到仪器异常,必须及时告诉管理员或咨询师。凡不按操作规范使用仪器设备造成损失的,需根据实际情况做出相应的赔偿。每次使用后都需要填写心理仪器使用记录和反馈建议,测试后的资料须做好存档工作。

心理测量量表和档案由专人统一管理使用,不可随意外借或查阅。有学者提出:"心理咨询档案的管理必须坚持保密原则,建立一套严格的制度,以保障来访者的利益。心理咨询档案涉及来访者的大量隐私信息,心理咨询机构要信守承诺,不得向无关的工作人员透露来访者的资料,更不能向外界泄露。只有一种情况例外,公安机关因为侦破案件的确需要了解情况时,档案管理人员和心理咨询师均有义务配合。在是否可供教学、培训之用时,应严格遵从当初与来访者的约定。"[9]按照档案工作程序,心理测评档案区要做好档案资料的鉴定、归档、整理、管理、移交、销毁等工作。对各种归档材料要及时做好入库登记,并认真编制案卷目录、索引、资料汇编等检索工具。出于法律需要可以让有关人员查阅时,但必须履行一定的查阅手续,并严格遵守阅档规定,严禁涂改、圈阅、批注、抽取、调换档案材料,未经专业人员和相关学生的同意,不得擅自拍摄、复制档案内容。来访者对自己的档案有知情权,来访者要求查看自己的档案时,管理人员要满足其要求,并对档案内容给予科学的解释。

六、心理放松区使用制度

　　心理放松区用于帮助学生放松身心。音乐放松区是通过音乐帮助来访者放松心情、缓解疲劳、改善身心健康的场所。凡是需要进行音乐放松的来访者,需与管理人员共同确定放松项目并且履行登记手续,方可进入音乐放松区。来访者进行音乐放松,要服从管理人员的安排,不得大声喧哗,需保持室内安静。进行音乐放松时,不要做上网、玩游戏、查资料等与音乐放松无关的事情。来访者应自觉爱护音乐放松系统的设施设备,不得对软件系统进行擅自查看、修改或删除等非法操作,一旦发现将视具体情况按照学校有关管理规定处理。管理人员对仪器设备要经常维护,及时保养,确保设备处于完好的备用状态。管理人员在结束值班工作前要关好门窗,切断电灯、多媒体等设备的电源。

　　宣泄室是来访者宣泄自己心中的不良情绪、放松身心、缓解疲劳、减轻心理压力的场所。来访者必须在开放时间或预约时间使用本区域,泡沫地面需穿上鞋套。凡在宣泄室活动者,须遵守管理制度,爱护宣泄室物品,保持室内环境清洁。宣泄过程中须严格遵守活动规则,宣泄时如有疑问可向指导教师或志愿者咨询,并积极配合指导教师做好相关活动。宣泄时间的长短,应按指导教师帮助设定的时间进行。来访者在宣泄过程中需注意自身的安全。合理使用室内设施,及时将宣泄器具归放原处。宣泄活动结束后,需在指导教师关注下调适情绪。

七、心理阅览区使用制度

　　心理阅览区用于学生的休息和阅读,来访者在此区域可以阅读各类心理学书刊。来访者进入心理阅览区要尊重并支持管理员的工作,遵守管理制度。来访者应保持阅览室安静,不得大声喧哗,不能使用外音播放器,移动电话应调至静音状态,接听电话应到室外。不得在阅览室内吃零食,避免污损图书报刊。避免随身物品磨损、划坏阅览室的桌椅、墙壁、地面、图书等公共设施。提倡文明阅读,保持言行大方、得体、文雅。心理阅览区的阅读仅限于阅览室内,图书资料不得带出。阅读完毕,应将书刊放回原处。

参 考 文 献

［1］俞国良.建立学校心理辅导制度全面推进心理健康教育［J］.基础教育参考,2014(11).
［2］刘月红.近十年我国中小学心理辅导室建设研究综述［J］.教育理论与实践,2011(12).
［3］俞国良.心理辅导室:"深耕细作"中小学心理健康教育［N］.中国教育报,2015-08-12.
［4］项灵羽,曹新美.学校心理咨询工具箱［M］.北京:教育科学出版社,2013.
［5］叶一舵.中小学心理健康教育基本原理:教师通识读本［M］.福建:福建教育出版社,2008.
［6］吴发科.中小学生心理健康教育实作与管理［M］.广东:广东高等教育出版社,2004.
［7］戴秋红.培训心理委员普及朋辈辅导［J］.科技视界,2014(15).
［8］郭成.青少年心理健康教育［M］.重庆:重庆出版社,2006.
［9］闫文杰.浅谈心理咨询档案的管理［J］.黑龙江档案,2012(5).

第三章

学校心理测评

第一节　学校心理测评的基本方法

在学校心理辅导室的运作与学校心理健康教育的开展过程中,经常会使用问卷或心理测验量表对学生的学习、生活、社会适应、人际关系、人格发展等展开调查,以便有针对性地开展心理辅导工作。

一、问卷与问卷调查

(一) 问卷及其构成

1. 问卷的概念

问卷,就是按照一定的问题和教育需求,对学生发展中的某个问题进行结构化的聚焦,设计相关的题目或选项,进行调查的工具。即研究者就自己感兴趣的问题设计一定的题目,选定专门对象进行调查,如学生心理压力调查问卷,学习兴趣调查问卷等。

2. 问卷的组成部分

一份正式的调查问卷一般包括以下三个组成部分。

第一部分:前言。主要说明调查的主题、调查的目的、调查的意义、调查者(或研究机构)、调查日期并向被调查者表示感谢等。

第二部分:正文。这是调查问卷的主体部分,一般设计若干问题要求被调查者回答。问题会分为单选、多选或简单的填空与问答题等。

第三部分:附录。这一部分可以将被调查者的有关情况加以登记,为进一步的统计分析收集资料。

(二) 问卷的设计

1. 问卷设计的方式

(1) 封闭式提问,是在每个问题后面给出若干个选择答案,被调查者只能在这些被选答案中选择自己的答案。

如"你认为当前学生迷恋电脑游戏的比例:A. 11%以下;B. 11%~25%;C. 26%~35%;D. 35%以上"。

(2) 开放式提问,就是允许被调查者用自己的话来回答问题,像简答题、填空题等,如

"影响您学业水平提高的主要原因是_____"。由于采取这种方式提问会得到各种不同的答案,不利于资料统计分析,因此在调查问卷中不宜过多。

2. 问卷设计的原则

(1) 相关原则——调查问卷中除了少数几个提供背景的题目外,其余题目必须与研究主题直接相关。

(2) 简洁原则——调查问卷中每个问题都应力求简洁而不繁杂、具体而不含糊,尽量使用简短的句子,每个题目只涉及一个问题,不能兼问。违反这一原则的例子如:"你是否赞成在学校开展心理辅导课和心理主题教育课?"

(3) 礼貌原则——调查问卷中尽量避免涉及个人隐私的问题,如收入来源,是否来自单亲家庭等;避免那些会给答卷人带来社会或学习压力的问题,使人感到不满。

(4) 方便原则——调查问卷中题目应该尽量方便调查对象回答,不必浪费过多笔墨,也不要让调查对象觉得无从下手,花费很多时间思考。

(5) 定量准确原则——调查问卷中如果要收集数量信息,则应注意要求调查对象答出准确的数量而不是模糊或大概的数。例如,"最近您的一次数学测验大概是多少分数"和"平时跟您交往的大概有多少人",前者不能够获得学生数学测验的准确分数,而后者则太过笼统,无法得到需要的信息。

(6) 选项穷尽原则——调查问卷中题目提供的选择答案应在逻辑上是排他的,在可能性上又是穷尽的。例如在家长问卷中"您的最后学历是什么"的备选答案有"A. 中专;B. 本科;C. 硕士研究生"三个答案,显然没有穷尽学历类型。有的题目应提供中立或中庸的答案,例如"不知道""没有明确态度"等,这样可以避免调查者在不愿意表态或因不了解情况而无法明确的情况下被迫回答。

(7) 拒绝术语原则——调查问卷中避免大量使用技术性较强的、模糊的术语及行话,以便被调查对象都能读懂题目。在家长问卷中违反这一原则的例子如:"您认为您的孩子属于哪一种气质类型?"

(8) 适合身份原则——调查问卷中题目的语言风格与用语应该与调查对象的身份相称。因此在题目编拟之前,研究者要考察调查对象群体的情况,如果对象身份多样,则在语言上尽量大众化;如果调查对象是儿童、少年,用语要活泼、简洁、明快;如果调查对象是专家、学者,用语应该科学、准确,并可适当运用专业语言。

(9) 非导向性原则——调查问卷中所提出的问题应该避免隐含某种假设或期望的结果,避免题目中体现出某种思维定势的导向。例如:"作为家长,您认为家庭教育能够更好地促进学生的健康成长吗?"

3. 问卷的具体设计

(1) 指导语的撰写

感谢语。如:各位受访者大家好!或感谢您阅读这份调查问卷。或对您给予这一调查活动的帮助表示诚挚的感谢!

调查目的说明语。如:此卷是为了解当前教师的生活、工作现状而设计的。

指导提示性语言。如:请您仔细阅读此调查问卷,在你认可项目□内打"√",并将您的选项填在括号内。

(2) 确定问卷的结构

问卷编写举例:生活适应性调查。

确定问卷的结构:生活习惯、生活态度、生活压力、生活目标。

题目的分类,可按照题目性质与计分方式来分。

① 按题目性质:

主观。如"你觉得每天的睡眠充足吗? A. 很足;B. 比较足;C. 一般;D. 不太足;E. 不足"。

客观。如"你每天睡眠的时间大约几小时? A. 8 小时以上;B. 7~8 小时;C. 6~7 小时;D. 6 小时;E. 不足 6 小时"。

② 按计分:

类别题(不可计分,自变量)。如:性别、收入、家庭远近。

等级题(可以计分)。如"你对当前的生活状态满意吗? A.不满意;B.不太满意;C.一般;D.比较满意;E.满意"。此类题目可以计分累加以便区分个体差异。如 10 道类似的题目累加分数在 10~50 之间,平均分为 30(临界点)。

题目类型	主观	客观
可计分	你对当前发展状态满意吗?(同类的题目尽量多)	你每天工作的时间平均为几小时(此类题目尽量少)
不可计分	你喜欢什么岗位的工作?(除非统计需要,一般不要)	你有孩子吗?(可以适当加入,统计需要)

(3) 确定作答时间、题目数量、比例和计分等级

(4) 编制题目(简练、准确)

如生活习惯"你每天都按时起床吗? A. 很少;B. 有些时候;C. 一般;D. 多数是;E. 每天是"。

如生活态度"你同意只要努力生活就会发生变化吗? A. 不同意;B. 有点不同意;C. 基本同意;D. 比较同意;E. 同意"。

如生活压力"你感到当前的生活压力如何? A. 很重;B. 比较重;C.一般;D. 比较轻;E. 很轻"。

如生活目标"你想过 5 年后自己的生活状态吗? A. 没想过;B. 很少想;C. 一般;D. 有时想;E. 经常想"。

(5) 整理问卷

结构指导语、基本信息、正题、落款单位和时间、读题(是否通顺、有无错别字等)。

4. 问卷设计的注意事项

(1) 题目有针对性,明确设计的目的

(2) 题目设计的技巧(正问与反问)

如:"看到同桌成绩比你好你嫉妒吗?"不如问:"看到同桌成绩比你好你会恭喜他(她)吗?"

(3) 问卷的答题时间不宜过长(10~30分钟左右)
(4) 设计完问卷让同行先看看,听取他们的意见和建议
(5) 调查前做信度检验(一致性系数要高于0.7),防止地板和天花板效应

5. 问卷调查分析举例

2014年7月21日,中国互联网络信息中心(CNNIC)在京发布第34次《中国互联网络发展状况统计报告》(以下简称《报告》)。《报告》显示,截至2014年6月,中国网民规模达6.32亿,其中,手机网民规模5.27亿,互联网普及率达到46.9%。网民上网设备中,手机使用率达83.4%,首次超越传统PC整体80.9%的使用率,手机作为第一大上网终端的地位更加巩固。2014年上半年,网民对各项网络应用的使用程度更为深入。移动商务类应用在移动支付的拉动下,正历经跨越式发展,在各项网络应用中的地位愈发重要。此外,互联网金融类应用第一次纳入调查,互联网理财产品仅在一年时间内,使用率超过10%,成为2014年上半年表现亮眼的网络应用。

网民规模持续增长,网民生活全面"网络化"。《报告》显示,截至2014年6月,中国网民规模达6.32亿,较2013年底增加1442万人,互联网普及率为46.9%。互联网发展重心从"广泛"向"深入"转换,各项网络应用深刻的改变了网民生活。移动金融、移动医疗等新兴领域的移动应用多方位满足了用户的上网需求,推动网民生活全面迈向"网络化"。

二、量表与心理测验

很多时候,一般的心理辅导工作者会把问卷与量表混淆,认为两者差不多,甚至是一样的,其实两者的差别还是很大的。具体见表3.1。

表3.1 问卷与量表的区别

特性\种类	问卷	量表
结构	随意、开放	固定
记分	百分比、集中度	等级记分
解释	主观经验	参照常模
可靠	难以把握	信度与效度
编制	自己设计或参考模板	标准化(记分、解释等)
对象	自己选定	符合测试要求的样本

(一) 量表

1. 量表的概念

量表是指有一定结构和解释标准(常模)的去研究被试某些个性特点的测试工具,如智力测验、心理健康测验、社会适应性测验等。具体来说,量表是根据某种理论或概念,确定一定的测评维度,设计相关的题目,依据相关的指标和参照标准(常模),对被试(被调查者,如

学生等）的某些心理特征进行调查、评价和分析的测评根据,有时可以理解为"测验"。

2. 量表的基本特征

编制一个心理测验量表首先是依据一定的理论,从一个概念出发,确定要测试的心理品质的结构,设置具体化的情景与指向,细化测试题目,通过初测、实测和再测等抽样测试,确定常模的一个过程。

（1）基于某个固定群体或对象

一般量表会针对学生、成人等固定群体,年龄（或年级）、性别是量表需要考虑的两个基本的统计学指标。

（2）基于一定的常模解释

一般用的智力测验和心理健康测验量表的常模（参照标准）,是基于一定地区或国家特定的文化与时代等背景,具有文化、时代指向性。国外的测验或量表不能直接翻译使用。

（3）用于评价和分析学生的某个心理特性

每个心理测试的量表是基于一定的理念或概念,对学生或个体的某个心理特质做出结构性的评价,而不是笼统地测试某个方面,如瑞文测试主要判断5.5岁到70岁的个体的图形推理能力,16PF是测试16岁以上成人的人格发展状况等。

（4）是一个标准化的测验

一个科学、规范的量表在解释、计分和指向方面都是有严格规定的。使用的范围和对象也是有严格规定的,以确保测试的信度与效度。

（二）测验与心理测验

1. 测验的概念

测验是用以测量个体的行为或作业的工具。它通常由许多经过适当安排的项目（问题、任务等）构成,被试对这些项目的反应可以记分,分数被用于评估个体的情况。测验通常分为智力测验、能力测验、人格测验、成就测验、态度测验、价值测验等。各种不同的测验有着各自不同的特性、不同的适用范围、不同的测验规则与程序。测验的实施方式有个别测验和集体测验两种。

2. 心理测验

（1）心理测验的概念

心理测验是根据一定的法则和心理学原理,使用一定的操作程序对人的认知、行为、情感的心理活动予以量化。心理测验是心理测量的工具,心理测量在心理咨询中能帮助当事人了解自己的情绪、行为模式和人格特点,即心理测验是根据心理学原理,设计程序,对心理因素进行测量。心理测验一般测量比较有代表性的问题。心理测验类似问卷,不同之处是心理测验要求被试以最好的状态完成测验,而问卷则只要求被试平常发挥就行。一个实用的心理测验必须要具备信度和效度。

（2）心理测验的分类

① 按性质分

能力测验。包括智力测验和特殊能力测验。前者主要测量人的智力水平,后者多用于升学、职业指导服务（如绘画、音乐、手工技巧、文书才能、空间知觉能力等）。

人格测验。主要测量一个人的性格、气质、兴趣、态度、品德、情绪、动机、自我、价值等个性心理特征。

记忆测验。包括短时间记忆测验和长时间记忆测验,主要用于外伤引起的记忆损害和老年人记忆减退。

适应行为评定。评估被试社会适应技能,包括智慧、情感、动机、社交、运动等因素。

职业咨询测验。是近年来发展迅速的心理测验,由于许多年轻人希望在未来竞争中既能发挥自己的潜能、气质,又能适应自己的兴趣、爱好,因此在择业前往往求助心理学家。

② 按对象分

个别测验。即主试和被试之间一对一的测验。其优点:对被试的反应有较多的观察和控制机会,结果比较可靠;其缺点:时间不经济。

团体测验。即一个主试同时测量多个被试。优点:时间经济,对主试要求不高;缺点:被试在测验中的行为不宜控制,结果不一定可靠。

③ 按形式分

图片、文字测验等。

④ 按过程分

推理与自陈测验。这两类测验都要花费被试的心理资源或一定的时间。推理测验如瑞文、空间旋转、斯坦福—比纳测压等,自陈测验如16PF、SCL-90等。

⑤ 按功能分

能力测验是测量一个人所具有的能力和潜在能力,如智力测验、创造力测验等。潜在能力测验是指向未来的具有一定预测功能的测验,如学生的职业发展能力、终身学习能力测验等。

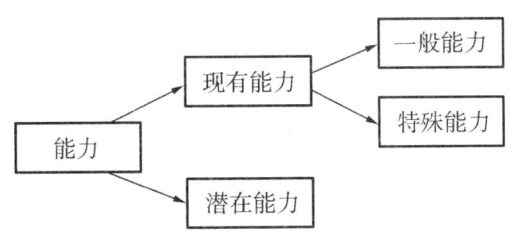

⑥ 按目的分

筛查测验。大致了解人的个性心理特征的测验。优点:快速,简便;缺点:结果比较粗糙,不够准确。

诊断测验。精确确定人的心理特征。优点:结果比较精确可靠;缺点:编制与测试花费的时间和精力比较多,对主试的要求比较高。

(三)如何熟悉一个心理测验

1. 一般量表的结构

一个有效的心理测验,不管它是什么类型的测验,都必须具备以下几个基本要求。[1]

(1)标准化

心理测验应有固定的测验内容、测验方法以及统一的答案和分数处理方法。心理测验的目的是评估人的心理行为的差异,了解人的心理变化,因此,它必须建立标准化的程序和方法,且符合客观、准确、经济、实用的原则。

（2）信度

信度是指一个测验工具在对同一对象的几次测量中所得结果的一致程度,它反映测量工具的可靠性和稳定性。在相同情况下,同一受试者在几次测量中所得成绩变化不大,便说明该测量工具性能稳定,信度高。

没有信度的测验量表,就好比一把橡皮筋尺,测验的结果会随着测验者掌握的松紧不同而变化,人们无法了解其正确与否。因此,一个可靠的测验必须具有较高的信度。检验测验量表的信度,一般常用"相关系数",以相关系数的大小表示测验信度的高低。如用重测相关来检验一个测验的信度,就是用一测验对同一组被试前后测验两次,求出两次得分的相关系数,就是这一测验的信度系数。除此之外,也可用分半相关或等值相关的方法求取信度系数。

（3）效度

效度是指测验的准确性或真实性程度,它是心理测验能否准确测到其所要测的心理特征或功能的表征。如果一个测验测得的不是所要测的东西,就无法解释测验结果的真实意义,就不能说这个测验是有效的测验。检验心理测验的效度,一般多采用相关系数或因素分析的方法。

效度反映了辅助工具的有效性、正确性。如测量一个人的智力,如果选用的工具不是一种公认的智力测验量表,而是某门功课的考题,这样进行的几次测量,虽然得分可能一致(信度高),但得到的却是一个人掌握某门功课的知识而不是智力(尽管两者有些关系)。所以欲对一个人的心理品质进行测量,首先要选用具有效度的工具。

信度和效度是衡量一个测量工具好坏的两项最基本标志。信度、效度很低或只有高信度而无效度的测验都会使测量结果严重失真,不能反映欲测东西的真实面目。因此,每个心理测验工具编制出来后都要进行信度和效度考验(一般以相关系数来衡量),只有这两项指标都达到一定标准后才能使用。

（4）常模

常模是指测验的参照分数,是解释测验结果的依据。一个从被试那里所获得的测验分数,说明什么意义,必须与常模比较才能了解。心理测验的常模是通过标准化的程序建立起来的。常模有年龄常模、百分等级常模、标准分常模等,用于测验时,要根据实际需要选用适合的常模。

常模一般是测验取样的平均值,即正常的、平均的成绩。有了常模,一个人的测验成绩才能通过比较得出是正常还是异常。由于人的心理现象复杂,所受影响因素多,所以每一种心理测验工具都要建立自己的常模,甚至同一量表在不同国家、地区应用或随着时代的变迁,都要重新修订,建立新的常模。

建立常模首先要选择有代表性的样本,也称为标准化样本,它是建立常模的依据。取样原则一般是依据测验对象按人口实际分布情况分层取样,并且要有相当数量。标准化样本的来源应该是和测验的使用范围相一致。如果样本选得不合适,必然会影响常模的参考价值,最后导致测量失真。第二步是对标准化样本进行测量,所使用的工具也应和最后实际应用的工具相一致,测量得出的结果还要进行统计学处理。

2. 怎么去解读一个测验

（1）任何测验都是有目的和对象的；
（2）任何测验都是一定时空的产物(如网络成瘾量表)；
（3）测验是有文化差异的(如地区和国家的差异)；
（4）测验是有其基本功能的(如发展性评价与诊断性评价)。

三、心理投射技术

（一）罗夏墨迹测验

1. 罗夏墨迹测验简介

罗夏墨迹测验是由瑞士精神科医生、精神病学家罗夏创立,国外有时称罗夏技术,或简称罗夏,国内也有多种译名,如罗夏测验、罗夏测试和罗沙克测验等。罗夏测验因利用墨渍图版而又被称为墨渍图测验,现在已经被世界各国广泛使用。罗夏墨迹测验是最著名的投射法人格测验。罗夏测验是由10张经过精心制作的墨迹图构成的。这些测验图片以一定顺序排列,其中5张为黑白图片(1,4,5,6,7),墨迹深浅不一,2张(2,3)主要是

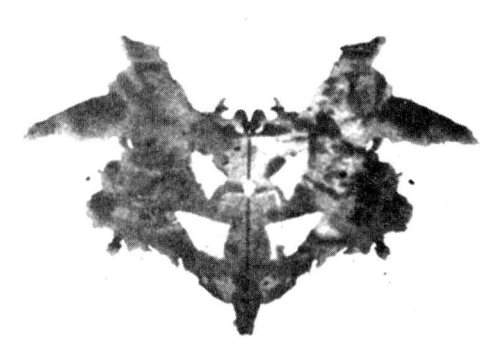

罗夏墨迹测验墨迹图

黑白图片,加了红色斑点,3张(8,9,10)为彩色图片。这10张图片都是对称图形,且毫无意义。

罗夏墨迹测验的目的都是为了诱导被试说出自己的生活经验、情感、个性倾向等心声。被试在不知不觉中便会暴露自己的真实心理,因为他在讲述图片上的故事时,已经把自己的心态投射入情境之中了。

主试的提问很简单,例如"这看上去像什么？""这可能是什么？""这使你想到什么？"。
主试要记录：
（1）反应的语句；
（2）每张图片从出现到开始作出第一个反应所需的时间；
（3）各反应之间较长的停顿时间；
（4）对每张图片反应总共所需的时间；
（5）被试的附带动作和其他重要行为等。

2. 罗夏墨迹测验的四个阶段

（1）自由反应阶段。即自由联想阶段,在这一阶段,主试向被试提供墨渍图,一般的指导语是"你看到或想到什么,就说什么"。应避免一切诱导性的提问,只是记录被试的自发反应。主试不仅要尽量原原本本地记录被试的所有言语反应,而且也要对他的动作和表情给

予细心的注意和记录。此外,还要测定和记录呈现图版之后到作出第一个反应的时间,以及对这一张图版反应结束的时间。

(2) 提问阶段。此阶段是确认被试自由反应阶段所隐藏的想法,主试以自由联想阶段的记录材料为基础,通过提问,以清楚地了解被试的反应利用了墨渍图的哪些部分,以及得出回答的决定因子是什么。

(3) 类比阶段。这是针对提问阶段尚未充分明白的内容而采取的补充措施。主要是询问被试对某个墨渍图反应所使用的决定因子,是否也用于对其他墨渍图的反应,从而确定被试的反应是否有某个决定因子的存在。

(4) 极限测验阶段。当主试对被试是否使用了某些部分和决定因子还存在疑虑时,需加以确认。在测验过程中,主试以记号对各种反应进行分类,并计算各种反应的次数,以便在绝对数、百分率、比率等方面进行比较。

(二) 主题统觉测验

1. 主题统觉测验简介

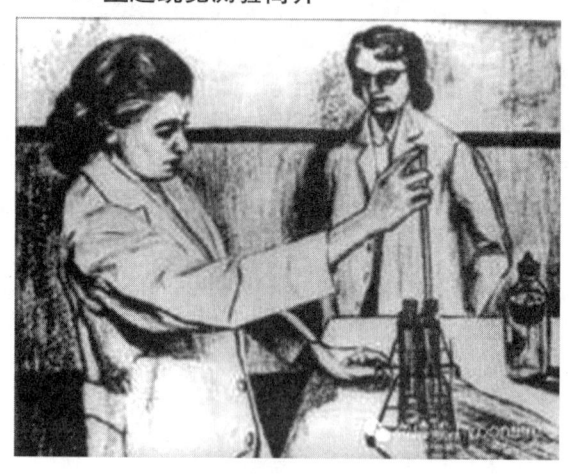

该测验是由心理学家 H. A. 默里于 1935 年为性格研究而编制的一种测量工具,简称 TAT。全套测验有 30 张黑白图片和 1 张空白卡片。30 张黑白图片是比较模糊的人物图片,其中有些图片是分别用于男人、女人、男孩和女孩的,有些则是共用的。

图片内容多为一个或多个人物处在模糊背景中,但意义隐晦。施测时根据被试的性别以及年龄(是儿童还是成人,以 14 岁为界),选取统一规定的 19 张图片和一张空白卡片进行测试。

其方法属于投射技术。测验时让被试根据图片内容按一定要求讲一个故事。被试在讲故事时会将自己的思想感情投射到图画中的人物身上。默里提出的方法是要从故事中分析一系列的"需要"和"压力"。他认为,需要可派生出压力,而且正是由于需要与压力控制着人的行为,影响了人格的形成和发展。因此,通过主题统觉测验,可以反映一个人的人格特点,后来在此基础上还衍生出了投射技术中的结构技法。临床医学家还用这种测验结果进行病理分析。

被试看一张图片,然后据此讲个故事,故事的叙述应该包含四个基本维度:

(1) 图片描述了一个怎样的情境;
(2) 图片中的情境是怎样发生的;
(3) 图片中的人物在想什么;
(4) 结局会怎样。

2. 主题统觉测验原理

TAT的原理是让被试给意义隐晦的图片赋予更为明确的意义。表面上看,这一赋予意义的活动是绝对自由的,比如在指导语中,主试就鼓励被试无拘无束地想象,自由随意地讲述,故事情节愈生动愈具戏剧性愈好。但是实际上,默里相信被试在这个过程中会不自觉地根据自己潜意识中的欲望、情绪、动机或冲突来编织一个逻辑上连贯的故事。这样,研究者就可以对故事内容进行分析,捕捉蛛丝马迹,从而了解被试特定的内心世界,这一整个过程就是分析过程。默里还提出了六个方面的内容,作为进行这种分析的指导。

(1) 故事主角的身份。被试往往会认同故事中的主角(通常,故事人物中总有一个与被试的年龄、性别、身份地位相仿),进而把自己的内心欲望或冲突等人格特征投射在主角身上,反过来,研究者可以从故事主角是隐士还是领袖,是个有优越感的人还是一个罪犯之类的信息来探测被试的人格特征。

(2) 主角的行为倾向。分析时应注意被试设定的主角的行为倾向,行为若有非常的特点,甚至仅仅是提到的次数多,就可能反映某种动机和倾向十分强烈。默里曾指出,行为中所反映出的像屈辱、成功、控制、冲突、失意之类的特征,几乎都可以按叙述过程中的强烈性、持续性、重复次数以及在故事内容中的重要性,标志在一个五点量表上。

(3) 主角的环境力量。尤指人物的力量,或者是图片上本没有的、被试自己想出来的人和物。在故事中,这些环境力量的表征物对主角的影响作用,如拒绝、伤害、失误等,也可以根据其强度标志在五点量表上。

(4) 结局。指主角的力量和环境力量经过相互作用,经历了困难和挫折之后的成败喜乐。

(5) 主题。主题是故事主角的内部动机力量,欲求与外部环境力量的相互作用及其结局。主题可以是简单的,也可以是复杂的,但每个具有特定意义的故事主题是解释的主要依据。

(6) 趣味和情操。指故事人物的喻指,如老妇喻指母亲,主角喻指正面人物还是反面人物,诸如此类。默里的分析方法意在评估个体的人格特征,而一次全面的分析费时甚长,往往需要4~5个小时才能评定一份记录,这是典型地把TAT当做一个测验来使用的情况。实际上,有的研究人员是把TAT当做采集当前研究所关心的个人资料的工具,因此若想考察个体的攻击性倾向,则需留意故事中攻击性行为的表征;若想考察个体的焦虑,就主要捕捉故事中与焦虑有关的迹象,此时采用的图片也就不一定限于TAT所提供的了。但是不论怎么使用,基本的原理仍是一样的。

(三) 房树人测验

1. 房树人测验简介

房树人测验(Tree-House-Person),又称屋树人测验,简称HTP。它开始于约翰·巴克的"画树测验"。巴克于1948年发明此方法,受测者只需在三张白纸上分别画屋、树及人就能完成测试。而动态屋、树、人分析学则由罗伯特·伯恩斯在1970年发明,受测者会在同一张纸上画屋、树及人。这三者有互动作用,例如从屋及人的位置与距离都可看出受测者与家庭的关系,所以这两种分析学多数情况下会结合使用。

相对来说,"房树人测验"方法多种多样,在测验的形式上又有许多变通。例如:有的简单要求被测者画出房、树、人;有的要求被测者在画完房树人后,再用蜡笔对画进行涂抹上彩;还有的要求画性别相反的两个人物。另有一种为"综合性房树人测验"(或称"统合性房树人测验"),要求被试在同一张纸上画有房树人来进行测试。总而言之,"房树人测验"不仅是一种人格测验,而且是一种智力测验。它可以动态地掌握病人病情的演变,并且能启发病人的创造力,甚至通过绘画,起到治疗作用。通过多次绘画达到治疗目的的方法逐步形成了心理治疗中的绘画疗法。

HTP 测验是由美国心理学家巴克于 1948 年率先在美国《临床心理学》杂志上系统论述。20 世纪 60 年代,日本引进了 HTP 测验并加以推广应用。学者们在临床实践中发现,分三次描绘三张图形对被测者的心理压力较大,尤其不适于那些精力不足、情感淡漠、注意力不集中的精神病患者。于是将房子、树、人三项合画于一张纸之中,不仅可大大减轻被测者的负担,扩大测验对象,提高成功率,而且能简捷有效地探测被测者的人格特征,这就是统合型 HTP 测验——Synthetic House-Tree-Person Technique。

2. 房树人测验适用范围与优点

该测验既可以用于群体测试,又可以用于个体测验;它亦可以作为人群中有关精神健康的普查筛选工具,以此筛选出群体中不良者;它还可以用于临床以及住院患者的心理诊断,为心理咨询提供有关人格方面的信息;此外还可用于调解夫妇关系,亲子关系,治疗和矫正不良青少年的性格、习惯等,同时利用其艺术疗法的作用可促进精神病人的康复。

房树人测验的优点是:其一,具有主动性、构成性、非言语性的特点,避免反应内容在言语化过程中变形,从而更具体地了解被测者的人格特征,捕捉到难以言表的心理冲突;其二,能初步了解被测者的智力水平,而不像韦克斯勒成人智力测验(WAIS 测验)那样有诸多局限性,并且不易造成心理创伤体验;其三,再度测验不会导致练习效果,有利于反复施测,追踪观察。

3. 房树人测验方法

(1) 测试前的准备:准备测验纸,没有橡皮的铅笔 1 枝(2B)。

(2) 测试要求:

① 画好的线条不可用橡皮擦掉,但可以重画;

② 画完一部分或整幅图画后,不得重画;

③ 想怎么画就怎么画,但必须有房子、树、人;

④ 画人的时候,不可以画火柴人;

⑤ 画图时不可用尺子;

⑥ 构思的时间最好不要超过 5 分钟。

(3) 测验指导语

首先让被测者填写姓名、年龄等一般资料,然后把测验纸放在被测者面前。可告知被测者:"请拿铅笔,认真地画一座房屋,画任何结构的房屋都可以,只要你努力地画,就可以了。在时间上没有特别限制,只要你认认真真地画就可以了。"

被测者中有中年、老年,还有儿童,有时他们会提出"我不是画家,在学校念书的时候也没有学过绘画",从而对该测验表现出抵制。在这种情况下,作为测验者,要明确地告诉他们,"房树人测验"不是一个有关艺术能力的测验,在描绘的时候,并不要求你画得跟画家一样,从而使他们能够认真地配合,顺利进行描绘。当有的被测者提出要求用尺子,要明确告诉他们,画这些画不能使用尺子等工具,须采用手描的方式进行。

对于"统合性房树人测试",测验工具为8开白纸、带橡皮2B铅笔或2B铅笔1支、橡皮1块(也可选择蜡笔)。

测试指导语:"请用铅笔在这张白纸上任意画一幅包括房子、树木、人物在内的画;想怎么画就怎么画,但要求你认真地画;不要采取写生或临摹的方式、也不要用尺子,在时间方面没有限制,但允许涂改;画完后请你写上自己的性别、年龄、文化程度等。"

4. 房树人测验记录

在测验的过程中,要求测验者进行以下记录:首先要记下描画时间,从指导语结束后到被测者开始描画的时间,一幅画画完所用时间等;其次,对于被测者在描绘房屋、树木、人时要正确地记录画面各部分的顺序,如先画房顶,然后画墙壁,再画门、窗等;最后,被测者在描绘过程中,可能会作出某些提问或自言自语地进行解释,如"这是房顶。这是墙壁。这有一个窗"等,这同样也需要进行记录。总之,要严密地观察被测者在绘画过程中是连续性描绘还是停顿性描绘。描画过程中情绪状态怎样,是平稳的,还是烦躁的;是心安理得的,还是烦恼的;对绘画是合作的,还是抵制的。

5. 房树人测验的注意事项

房树人测验不是标准化测验,只是用于了解来访者的基本心理反应倾向和某些心理特点,不能作为诊断性测验使用,更不能放大其没有的功能,如预测、判断等。

第二节 常用学校心理测验工具

一、心理测验工具的发展

(一)心理测验工具的起源

1. 启蒙阶段

1879年,德国的哲学家冯特在莱比锡大学创建了世界第一个心理学实验室,标志着基于实验和证据的心理学从哲学的附庸中解放出来。为了研究人的感觉、知觉、智力和情感等方面的发展与差异,就需要制订相应的评估指标和评价工具。最先在这方面做探索的是英国科学家和遗传学家高尔顿,他在其《遗传的天才:它的规律与后果》《人类的能力及其发展的研究》《自然的遗传》等著作中对人类个体差异进行研究,重视运用测量和测验来收集证据。他设计了很多测量工具,并在1884年设立人体测量实验室,在此后6年内测量了9337人。他倡导运用数学方法处理和分析心理学研究资料,提出人类的许多心理特性的表现呈正态分布。

美国心理学家卡特尔,受冯特与高尔顿两人的影响,于1890年在《心理》杂志上发表《心理测验与测量》一文,首次提出"心理测验"这个术语,并报告了他编制的一套能力测验的应用结果。他还指出:"心理学不立足于实验与测量,决不能有自然科学的准确性""如果我们规定一个一律的程序和步骤使在异时、异地得出的结果可以比较、综合,则测验的科学和实用的价值都可以增加"。卡特尔的测验主要是测定感觉敏锐性、短时记忆、动作灵敏性,还不是真正意义上的认知和能力测验。

2. 探索阶段

心理学历史上第一个真正的认知测验是法国心理学家比奈发明的。他主要从事智力心理学研究,著有《推理心理学》《语句的记忆》《智力的实验研究》等。1904年,法国教育部委派专家组成一个委员会,研究公立学校中低能学生的管理问题,比奈成为其中一员,他主张用测验法去辨别有心理缺陷的学生。1905年,他与助手西蒙发表《诊断异常学生智力的新方法》,介绍了世界上第一个智力测验(含30个难度不同的试题,每个项目的难度是根据测试样组的结果确定的。样组由50名被试组成,包括3~11岁的正常学生、一些智力落后的学生以及成人)。1908年,他对量表进行修订,用智力年龄表示测验成绩,建立了常模(根据大约300个3~13岁正常学生的测验结果,对题目进行筛选和编排,确定了智力年龄的转换标准,试题难度随年龄的增加而上升,适用于3~13岁学生)。1911年,他又发表了新的修订版本。从此心理测验逐步被社会接受,开始在教育、医学和法律等领域得到推广与应用。

3. 发展阶段

1938年,英国心理学家瑞文根据智力的G因素理论,编制了瑞文非言语智力测验,简称SPM。它主要是评价6岁以上学生至成人的问题解决、清晰知觉、思维等能力,它的优点是适用的年龄范围宽,可个别施测也可团体施测,测验对象不受文化、种族和语言的限制,因此具有文化公平性。

随着测验技术、理念和方法的不断丰富与完善,到了1949年,美国的心理学家韦克斯勒编制了最有名的WISC测验。该测验是继比纳—西蒙量表之后,世界上应用最广泛的个人智力与认知发展的测试量表之一,其适用对象为6~16岁的学生。

4. 完善阶段

20世纪80年代,随着美国心理学家斯滕伯格《成功智力》和加德纳《多元智能理论》的出版,对学生认知的评价到了一个新的高度。加拿大心理学家戴斯根据自己的"PASS"模型编制了一种全新的智力测验——DN认知评价系统,分为计划、注意、同时加工、即时加工4个维度13个分测验(发表于20世纪90年代后期,适合于5~17岁学生)。

当前有关认知评价的工具——认知测验一般都是有结构(2个以上)和指向(具体内容),并且测验是有目的(发展)和对象(年龄与性别)的。当前学生认知测验的优点是有标准化的程序、快速、简便,效果比较准确;其缺点是只有量的分析,而且只能测到当时的认知发展水平,同时学生受各种因素的干扰,导致测验误差会比较大。

(二)心理测验工具的特点与启示

根据心理测验一百多年的发展历程可以看出,无论是哪种测验工具都涉及以下方面的考虑。

1. 测验是基于一定的理论依据

如比纳—西蒙测验是基于学生认知发展的阶段性理论,韦克斯勒测验是根据认知结构理论而编制的,考夫曼学生成套评估测验(简称 K-ABC 测验)是借鉴教育神经心理学和认知心理学等领域中的研究和理论,而戴斯的 DN 认知评价系统是基于神经心理学的基础上而编制的。

2. 测验的内容是有指定对象的

从测验的内容看,可以分为一般认知能力和特殊认知能力测验。一般认知能力测验年龄跨度可以较大,如瑞文图形推理测验其对象是 5.5 岁~70 岁;而特殊认知能力测验其测试对象一定是分年龄段的,如韦克斯勒测验分为学龄前(3~6 岁)、学龄学生(6~16 岁)和成人(16 岁以上),丹佛发育筛查测验(简称 DDST)针对的对象是 0~6 岁。分年龄段测试的主要原因是个体的认知发展是分阶段的。

3. **测验是有结构和维度的,并且需要验证**

如韦克斯勒学生测验第四版(2003 年)由第一版的 2 个维度发展到 4 个维度(经历了 54 年的发展),戴斯的 DN 认知评价系统有 4 个维度,瑞文测验则只有 1 个维度……测验的维度不是人为设计和确定的,而是需要利用一定的心理测评技术(探索性因素分析和验证性因素分析)加以检验。任何假设的测验维度如果没有经过检验就仅仅是假设,或者可认为是不存在的。

4. 测验具有目的性

从心理测验的发展历史看,几乎所有的测验都是具有评价或诊断功能的。如 DDST 首要作用是对 0~6 岁婴幼儿的智力做筛选;WISC 则是测量 6~16 岁学生的一般智力水平及特点,广泛应用于智力超常和智力低下学生的诊断、人材选拔、疗效评价和司法鉴定。

5. **每个测验都有其局限性**

由于心理学本身发展的历史比较短,加上人格发展的复杂性,以及对认知结构研究的多元性,因此,几乎所有的心理测验都有测量误差与测量局限,信度、效度没有非常理想的测验通常只是相对稳定。因此不存在适合所有对象、包括了所有测试维度的理想测验。

6. **测验难以对认知发展预测**

由于很多心理测验只是针对个体某一年龄段的心理发展水平,只能对同龄个体间人格发展水平做分析和诊断,很难从发展性的角度对学生的未来发展趋向做评估。如果要通过测验来分析、预测学生的发展性评估,当前的许多测验很难做到,这是由测验本身的诊断导向所决定的。基于学生认知发展性的研究,除了基础性的诊断外,学生认知的发展性预测对于任何一个测验都是挑战和难点。

7. **选用标准还是非标准测评工具**

对于一个测验工具在确立基本的维度假设后,最重要的就是制订常模,是用于比较样本群体的某个认知能力的平均水平,以此标准来比较和确定个体认知水平发展的高低是由什么因素所决定的。而非标准化的评价工具只能了解群体差异和进行影响因素的分析。

8. **工具借鉴要适度**

当前国内有关学生心理评价的工具屈指可数。很多学者只能借鉴国外成熟的评价工具,但限于文化与版权的限制,以及常模的不同,很难将国外的量表直接翻译应用到当前的心理评价研究中。"远水解近渴"的方法会有一定的使用风险。

二、学生认知发展测验

（一）学校需要什么样的学生认知发展测验

根据对心理测验工具发展历史的分析以及学生认知发展工具的梳理，对于基于学生学习素养的认知发展水平的评估，我们的评价工具必须从以下几方面综合、均衡考虑。

1. 当前学生认知发展评价的基本维度

（1）工作记忆（数字、序列）

所谓工作记忆，是指学生在完成认知任务的过程中将信息暂时存储的系统。工作记忆可以被理解为一个临时的"心理工作平台"，在这个工作平台上，学生对信息进行操作处理和组装，以帮助他们理解语言、进行决策以及解决问题。可以将工作记忆理解为对必要成分的短时的、特殊的聚焦。

工作记忆是一种假设，某种形式信息的暂时存储对许多认知技能来说是必需的（如理解、学习和推理等都需要信息的暂时存储，即工作记忆的认知技能），是认知心理学提出的有关人脑的存储信息的活动方式。人作为一种信息加工系统，把接受到的外界信息，经过模式识别加工处理而放入长时记忆。

在学生的工作记忆评估中，数字广度、数字与字母的匹配，顺序记忆都可以作为重要的评估指标。

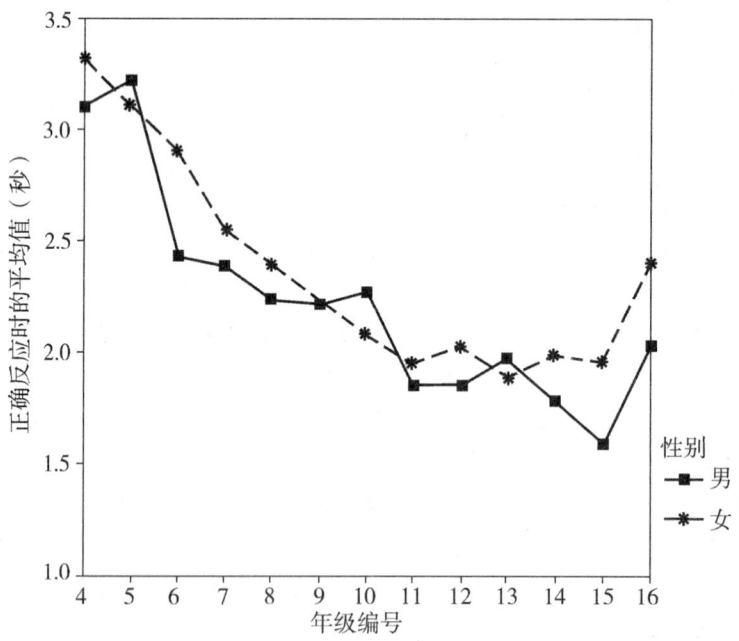

图 3.1　各年级在"模糊计数"（6 个点）上的正确反应时

如在工作记忆测试中有一项测试叫"模糊计数":在5×5的格子上随机呈现4~10个1~2种颜色的点约1秒左右,让被试记住每种颜色点的数量,并记录反应时间。计分方法是:根据题目难度,5秒之内做对每道题得2~4分,做错得0分,共12项任务。

工作记忆个体所加工的时间长短,正确选择的反应时也能够显示个体的工作记忆水平和能力。[2] 个体的工作记忆的加工速度随着年龄的增长在提高(即正确选择的反应时减少)。如图3.1所示,以"模糊计数"的某题为例(同时在电脑屏幕呈现4个红点和2个绿点500毫秒,让被试选择),记录下每个年级的被试对这道题目选择正确的反应时。

(2) 言语推理(语言、数理)

学生语言的学习和推理能力的发展是认知发展状况的主要标志。国外有许多心理学家通过实验证明,语言学习的有效性有赖于心理上的成熟。其中,福斯特的研究具有独到之处,他为了弄清楚言语记忆水平对学习和解题的影响,把智龄作为学生能否学习的重要标志。他的实验表明,学生阅读记忆的能力一般在智龄5岁时开始出现。不做好这方面的心理准备,阅读记忆就不能顺利进行。

推理能力是解决问题的前提,学生是否做好推理上的心理准备,直接影响到学习是否能顺利进行。在国外,心理学家对学生的推理能力做过很多方面的研究。有的实验认为,3~5岁的学生已经能迁移自我发现的概念,并根据先前的经验进行推理,以运用于新问题的情境之中。这就是说,当问题的复杂性与学生的成熟水平相适应时,甚至3岁学生都已具备了推理的条件。有的研究不同意这种看法,认为推理是一种比较高级的心理活动,它需要学生达到一定水平的成熟,而3~5岁的学生还不具备这些条件。尽管对这一问题争论颇多,但有一点是一致的,那就是学生推理能力的发展,是随着年龄增长而递增的。年龄越小,成熟水平越低,推理能力越差;相反,年龄越大,成熟水平越高,推理能力越强。

(3) 知觉加工(空间、符号)

当外部刺激或信息经由感觉器官进入人的大脑,大脑根据感觉材料的性质及存储在记忆中的原有知识和经验,对这些材料进行加工,然后形成印象或知觉,这就是知觉加工。心理学研究发现,过去的知识、经验和现实刺激都是产生知觉所必需的。总体上说,过去的知识和经验主要是以假设、期望、图式的形式在知觉中起作用的。人在知觉时,接受感觉信息的输入,在已有经验的基础上,形成关于当前刺激是什么的假设和期待。知觉信息就是在这些假设、期待的引导和规划下形成的。

知觉在加工过程中表现出几个特性:整体性、常性、意义性和选择性。整体性是指学生对物体整体的认识通常要快于对局部的认识。常性是指尽管作用于学生感官的刺激在不断地变化,但学生所知觉到的物体却保持着相当程度的稳定性。意义性是个体对事物的知觉通常是和赋予它的意义联系在一起。选择性是个体在观察两歧图形时常常会在不同的两个图形知觉中来回转换,这说明知觉过程中存在着竞争。

学生的知觉加工水平随着其年龄的增加在不断提升,具体包括图形识别、空间概念、矩阵推理等。

2. 学生认知发展现有的评估方法

对学生的认知评估,由于受其认知发展水平和表达能力的限制,根据不同的年龄可以选用个别测验与团体测验。对于6岁以下的学生基本采取的是个别测验的形式;对于6岁以上的学生可以采取团体测验与个别测验相结合的方式。另外,根据不同认知发展理论,学生的认知评估方法和测验形式受测验内容与工具的限制。

随着计算机网络和大数据的发展,对学生的认知评价可以借助计算机程序和网络,使得收集信息和测试的效率更加便捷,但由于受学生认知水平和测验工具的限制,网络在学生认知发展方面的评价还需要开发和完善,尤其是针对个别测验。

(二) 常见的学生认知评估工具

1. 韦克斯勒测验(WISC)

本测验工具是由美国心理学家大卫·韦克斯勒编制的,1949年出版,是继比纳量表之后,世界上应用最广泛的个人智力与认知发展的测试量表之一,其适用对象为6~16岁的学生。韦克斯勒认为,智力是个人有目的地行动、理智地思考以及有效地应付环境的综合能力。他在量表中设计了12个分测验,用来测量学生的各种能力。这12个分测验分为言语量表和操作量表两部分。言语量表包括常识、背数、词汇、图片排列、积木图案、拼图、译码、迷津等测验。其中译码分为译码甲和译码乙,译码甲供8岁以下学生使用,译码乙供8岁和8岁以上学生使用。译码测验和背数测验不是必做的,只是作为替换测验,在某一类测验因故失效时使用。每个分测验题目的编排由浅到深,言语测验和操作测验交叉进行,使整个测验生动有趣,富于变化,有利于学生使用。整个测验通常需用60~90分钟。WISC几经修订,2003年美国出版了第四版,2006年中国大陆修订了第四版。

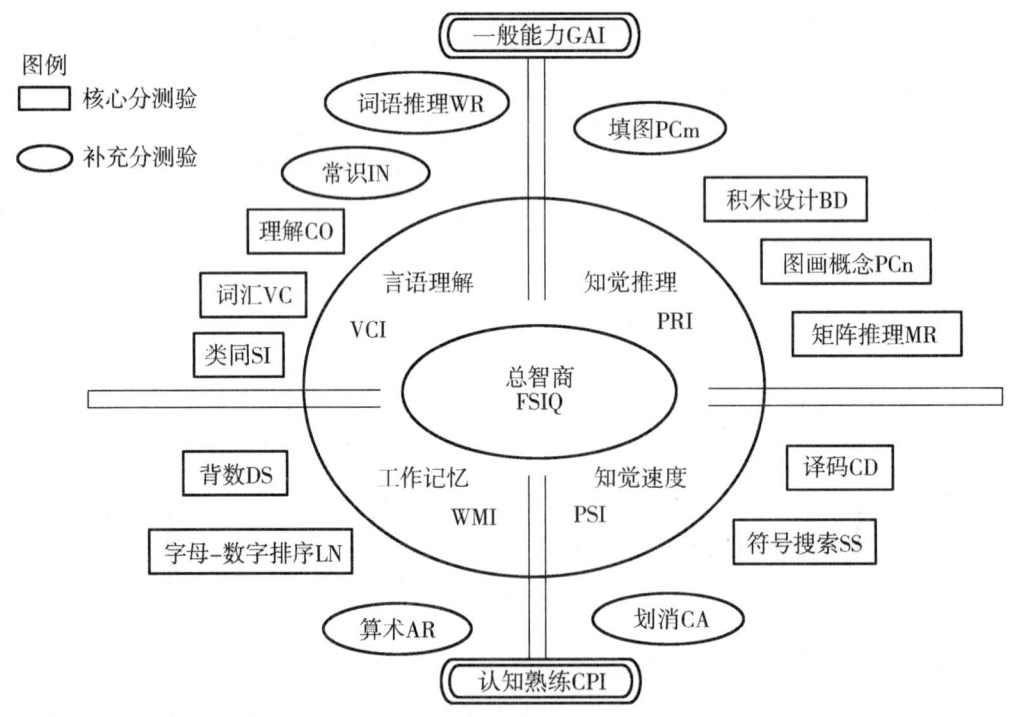

图3.2 韦克斯勒儿童智力测验第四版(WISC-IV)的结构[3]

2. 考夫曼学生成套评估测验(K-ABC)

K-ABC 测验发表于 1983 年,是美国心理学家考夫曼夫妇根据认知心理学、神经心理学以及临床研究的最新成果编制而成的。它反映了当代智力理论和测验编制方法的最新进展,并且该测验适用于听觉障碍、言语障碍、情绪障碍、弱智及学习障碍学生,目前已成为美国三大最受欢迎的学生认知测验之一。K-ABC 的适用年龄范围是 2~12 岁的学生。施测方法为主试根据受测者的年龄从 16 个分测验中选择 7~13 个分测验进行测试。年龄越大需要测试的分测验越多,但最多不超过 13 个。

3. 儿童认知发展水平诊断测验(IPDT)

IPDT 测验是建立在皮亚杰学生认知发展理论基础上的认知发展水平诊断工具,是由中国科学院心理研究所方富熹编制。测查对象:7~15 岁的小学生和初中生;测查内容:分 5 大问题领域,每个问题领域包括 3~5 个子测验,共 18 个子测验。测验具体包括以下几个方面。

守恒:数量守恒,重量守恒,容积守恒,长度守恒;
表征:水平面表征,符号表征,观点表征,运动表征,投影表征;
关系:顺序关系,排列关系,传递关系;
分类:类比推理,类相交,类包含;
规律:旋转问题,角度问题,概率问题。

4. 团体儿童智力测验(GITC)

GITC 测验由华东师范大学的金瑜教授编制,于 1996 年发表。鉴于传统的比奈智力测验仍有应用价值,我国的中小学对于大规模快速施行的团体智力测验有非常迫切的需求,金瑜在参考韦克斯勒儿童智力量表的结构和编制方法的基础上编制了这套量表。

GITC 适用的年龄范围是 9~18 岁的中小学生。整个测验由语言量表和非语言量表两部分组成,共有 10 个分测验,其中常识、类同、算术、理解、词汇 5 个分测验属于语言量表,辨异、排列、空间、译码、拼配 5 个分测验属于非语言量表。采用纸笔测验的方式,所有的题目均为单项选择题,即从五个选项中选一个最恰当的作为答案(图 3.3)。

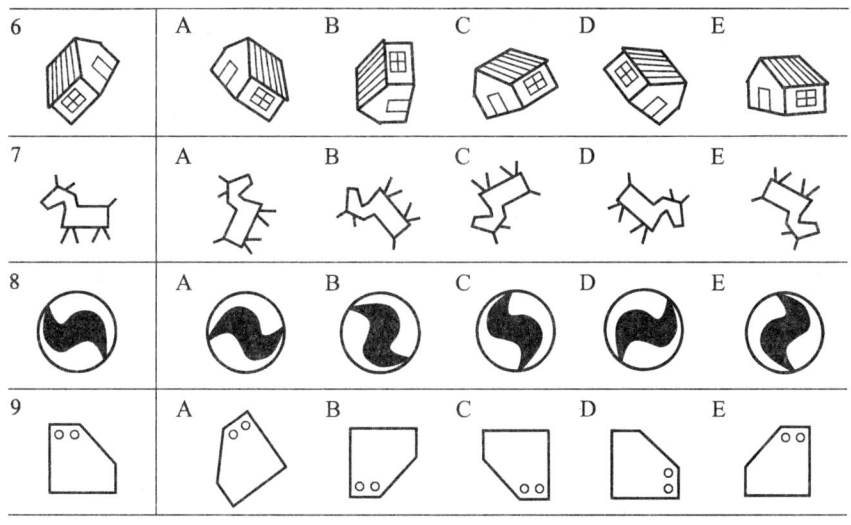

图 3.3 GITC 分测验图例

测验一开始有一个总指导语,各分测验开始之前又有一个分测验指导语,通过阅读指导语,受测者就能了解测验的要求。每个分测验的施测时间规定为6分钟,做完整个测验大约需用1小时20分钟。测验完毕,根据受测者的原始分数和实际年龄就可以通过查常模表来确定他的语言IQ、非语言IQ和全量表IQ。GITC现已制订了上海市区常模和全国城市常模。全国城市常模的受测者来自东北、西北、西南、华北、华中和华东六大区的19个大中小城市,每个城市大约抽取了200名受测者,总人数为3 916人。

5. 认知执行功能测验(DCCS)

美国做国家早期教育长期追踪研究的部门提供的认知领域的测评是分成阅读、数学、科学和执行功能的。DCCS测验主要考察的两个指标是工作记忆和认知灵活性。

根据学生认知发展的特点和当前学生认知评价的测验可以看出,没有一个统一或全面的适合所有学生认知评价的工具。基于这一点,如果要对学生认知发展状况进行调查,要么确定评价的维度,再借鉴使用不同的认知评价工具;要么直接选择与本研究相对适合的评价工具;或者编制认知测验工具。前两种情况可以提高研究效率,但针对性不强,后一种针对性强,但研究时间和成本较高。无论采取哪种评价工具,记忆和思维在不同年龄学生的认知发展水平中都是至关重要的。

三、学生人格测验

(一)认知风格测验[4]

在认知过程中,有的人谨慎仔细,有的人粗心大意;有的人被动依赖,有的人主动独立。认知风格(cognitive style)也称认知方式,是指个体在认知过程中所表现出来的习惯化的行为模式。认知风格与智力无相关或相关不显著,大多是自幼所养成的在知觉、记忆、问题解决过程中的态度和表达方式。认知风格是认知过程中的个体差异,是一个过程变量而非内容变量,具有跨时间的稳定性和跨情境的一致性,并且具有两极性和价值中性等特点。认知风格种类繁多,如场独立型和场依存型、思索型和冲动型、整体型和分析型。

1. 场独立型与场依存型

场独立型(field independent style)和场依存型(field dependent style)是威特金等在垂直视知觉的一系列研究中所发现的认知风格上的个体差异。这种差异主要表现在人们在知觉外部环境("场")时所依据的参照点的不同上。场独立型者在认知信息加工中倾向于依据个人的内部参照,自我与非我的心理分化程度高,对他人提供的社会线索不敏感,行为是非社会定向的。而场依存型者在认知加工信息中倾向于依据外在参照,自我与非我的心理分化程度低,对他人提供的社会线索敏感,优先注意自己所处的社会人际关系。

用镶嵌图形测验(Embedded Figures Test)可以有效地测量出场独立型和场依存型的人格差异。测验图形是由一种比较复杂的图形构成的,其中隐藏着一个简单的图形(见图3.4)。测验时,要求被试迅速地从复杂图形中找出简单的图形。场独立型者认知重构能力强,在认知中具有优势;场依存型者社会技能高,在人际交往中具有优势。场独立型者较善于解决需要灵活思维的问题,善于抓住问题的关键,灵活地运用已有的知识来解决问题;场依存型者在解决熟悉的问题时,不会发生困难,但让他们运用已有的知识去解决没有遇到过的问题时,往往难以应付,缺乏灵活性。在学习兴趣和职业兴趣上,场独立型的学生在未来职业的选择上喜欢从事理论研究、工程建筑、航空及艺术等工作,而场依存型的学生则喜欢社会定向的学科与职业。

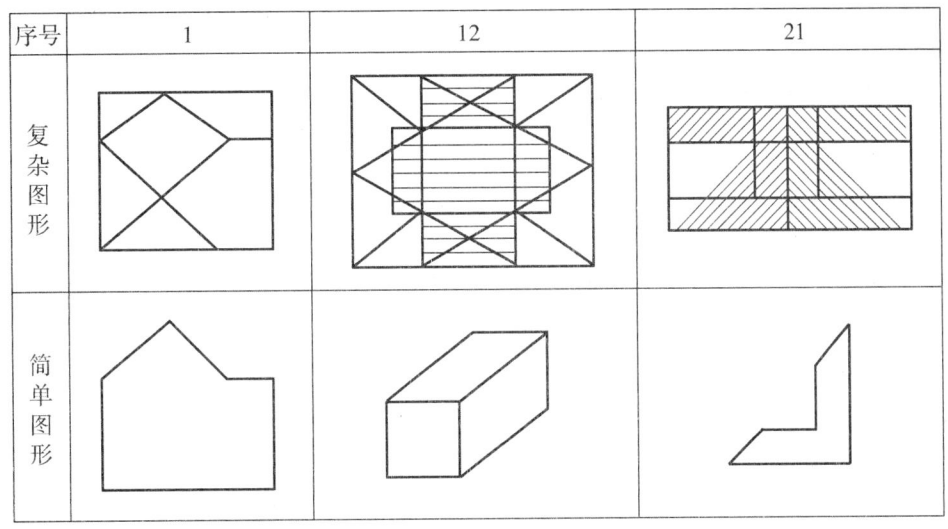

图 3.4 镶嵌图形测验图例

2. 整体型和分析型

整体型(wholist style)和分析型(analytic style)是由帕斯克和斯科特提出的两种认知倾向。整体型者倾向于用整体性的"假设——引导"策略对认知任务作出反应,分析型者则倾向于用"材料——引导"这种逐步加工的集中策略作出反应。整体型认知者主要以一种整体性、主题式的方法进行认知和全面的概括描述。他们常常在同一时间内关注主题的几个方面,在几种不同的思维水平上同时进行学习。相反,分析型认知者则主要以一种"操作"学习方法进行认知。他们较关注细节、程序,常常以线性结构理解信息。逐步学习,建立清晰、易于识别的信息组块以用于联系主题中的概念和构成部分,是分析型者的典型认知特征。

表 3.2 整体型和分析型的典型特征

整体型	分析型
自上而下的加工者	自下而上的加工者
整体的学习方法	局部的学习方法
同时加工	线性加工
瞬间跨越各种水平	逐步学习
理论和实践相互关联	分别是学习不同的方面
指向理解	指向细节
理解性的学习偏差	操作性的学习偏差

(续表)

整体型	分析型
把概念与先前的经验联系在一起	在概念内部把特征联系在一起
构建概括的描述	构建狭窄的操作程序
低辨别技能	高辨别技能

（二）社会适应测验

1. 测验的结构

中小学生的人格发展是在社会适应、社会化过程中不断完善和成长起来的，人格发展与适应是个体社会性发展的主要内容。影响个体社会化发展和社会适应的主要因素有文化背景、家庭环境、社会压力、网络媒体、同伴交往以及个体的人格特质等因素。在培养青少年的社会性发展和良好的人格适应中应充分考虑到这些因素。

中学生社会适应量表是杨彦平和金瑜在2007年编制的。[5]量表分为4个维度9个分量表：即内容特质维度（3个分量表：人际关系、学习适应、日常生活）、预测控制维度（2个分量表：行为规范、情绪控制）、心理调节维度（2个分量表：环境适应、心理预期）和动力支持维度（2个分量表：心理动力、心理支持）。通过结构方程模型（SEM）分析，四因素的结构模型的各项拟合指标达到了验证性因素分析（CFA）的标准，验证了量表分为4个维度、9个分量表的合理性。

2. 测验举例

通过中学生社会适应量表编制[6]发现，学生的社会适应并不是随着年龄的增长而提高，而是随着年级的变化出现波动。社会适应和智力如果有共同点，那就是它们两者的结构中都存在一个"G"因素（普通因素或者公因素），结构中的其他因素都与该因素密切相关，"G"因素也影响着它们发展的水平和质量。中学生的社会适应存在性别差异、年级差异和校际差异。

● 专栏

心理自测：你的"情商"如何？

所谓"情商"就是指一个人恰当处理自己情绪的能力，能够将不良的情绪（如愤怒）正确宣泄或加以控制，在日常生活中能够以积极、向上的情感面对各种挑战。下面有19道题目，就是从你自己平时的情绪是否乐观、向上，以及在遇到特殊情况时情绪反应是否恰当等方面测试你的"情商"如何。

测试说明：你可以根据自己最近的实际情况做"1. 从不；2. 偶尔；3. 有时；4. 经常；5. 总是"的选择，将相应的选项的数字填写在每道题目后的括号里。

1. 感到压力很大；（ ）
2. 学习虽然苦，但能够坚持；（ ）
3. 不高兴的事对我来说很快就过去了；（ ）

4. 对现在的处境我很满意;(   )
5. 学习使我感到压抑;(   )
6. 一想到要完成作业就烦;(   )
7. 经常有不开心的事发生;(   )
8. 很容易发火;(   )
9. 处世乐观;(   )
10. 我不知道怎样才能找到快乐;(   )
11. 想离家出走;(   )
12. 生活没有多少意义;(   )
13. 经常感到莫名的烦恼;(   )
14. 总是害怕或担心考试;(   )
15. 我经常通过音乐、体育等娱乐方式放松自己;(   )
16. 我周围的很多人都是可以信赖的;(   )
17. 我能够从家里得到安全感;(   )
18. 我相信开心是长久的,不开心只是暂时的;(   )
19. 我的爱好可以使我摆脱烦恼。(   )

做完后根据下面的计分表算出自己在这19道题目上的总分(   )。

题号	选项记分				
	1. 从不	2. 偶尔	3. 有时	4. 经常	5. 总是
2,3,4,9,15,16,17,18,19	1	2	3	4	5
1,5,6,7,8,10,11,12,13,14	5	4	3	2	1

算出你自己的总分后,根据下表就可以测出自己的"情商"得分情况。

年级	性别	评分等级(根据总分)				
		优秀	良好	中等	一般	需改进
初中	男	89以上	84~89	56~83	42~55	42以下
	女	89以上	85~89	60~84	47~59	47以下
高中	男	89以上	80~89	56~79	44~55	44以下
	女	89以上	81~89	57~80	45~56	45以下

(三)学习适应测验

1. 学习适应测验(AAT)

学习适应测验是由华东师范大学周步成教授组织全国十多个单位,对日本教育研究所学习适应性训练研究部所编制的《学习适应性测验》进行修订后制订出的中国常模,非常适合中小学生使用。在本量表中包含了学习态度、学习技术、学习环境、心身健康4个分测验,所以不仅能从整体上观察受试者对于学习的适应性如何,而且还可从上述4个分测验分别对其观察。内容量表的解释本量表分别由5个内容量表(小学1~2年级使用)、7个内容量表(小学3~4年级使用)、9个内容量表(小学5~6年级使用)、12个内容量表(初中、高中用)所构成。将每个内容量表的原始分对照常模表,换算成标准分,然后再由标准分换算成等级。内容量表等级为5个,"1"为差等,"2"为中下,"3"为中等(普通),"4"为中上,"5"为优等。在这些内容量表中,有些内容量表在优等或中上,有些内容量表在中下或差等。从内容量表的等级,可知受试者在"学习适应性测验"中,哪些方面较好,哪些方面较差。辅导教师就根据学生测验结果的好坏给予指导,等级1或等级2为相对差的方面,必须加强指导。

2. 学习适应量表(增订版)[7]

学习适应量表(增订版)是一套可以快速、便捷、有效地了解学生学习适应性的测验工具,是由马月芝和金瑜等在2005年参照台湾的学习适应量表,以社会学生(被试是小学四年级至初中三年级学生)为样本修订的,主要测量学生的学习方法、学习习惯、学习态度、学习环境和身心适应。该量表在修订的过程中还考虑了性别、年级、父母文化程度、家庭经济状况、家庭完整性、学校类型等对学生学习适应性的影响。

学习适应量表(增订版)有良好的信度、效度,表明了量表的可靠性和有效性。它是针对中小学生一套快速而有效的、用于鉴定学习适应性的测验工具,也补偿了我国现有同类测验量表的不足。学习适应量表(增订版)从台湾推广到大陆地区,为海峡两岸在心理与教育测验领域中的携手合作奠定了基础。

● 专栏

心理自测:你能够从容面对自己当前的学习任务吗?

下面有19道题目,从学习方法、学习态度和学习目标等方面反应了你当前的学习适应情况,看自己能否有一个积极的学习态度与正确的自我评价,能否自信面对学习任务与挑战。

测试说明:你可以根据自己最近的实际情况做"1. 从不;2. 偶尔;3. 有时;4. 经常;5. 总是"的选择,将相应选项的数字填写在每道题目后的括号里。

1. 我学习已经尽力了,但是成绩仍然不理想;(　)
2. 我能很容易听懂多数老师上课所讲的内容;(　)
3. 只有通过业余补课才能跟上老师的教学进度;(　)
4. 我非常羡慕那些学习好的同学;(　)
5. 很多同学愿意向我请教学习问题;(　)
6. 学习对我是件容易的事;(　)
7. 我有自己的学习计划和目标;(　)
8. 有学习问题我会主动请教别人;(　)
9. 做错的题目我会及时订正;(　)
10. 我能够做到课前预习、课后复习;(　)
11. 作业不会做就抄袭;(　)
12. 为学习而犯愁;(　)

13. 因作业不认真或不交而受到老师的批评;(　　)
14. 喜欢现在的学习环境;(　　)
15. 学习是件乏味与枯燥的事;(　　)
16. 我非常讨厌每次考试;(　　)
17. 老师布置的很多作业我都不想完成;(　　)
18. 我很喜欢做老师给我出的题目;(　　)
19. 读书没用,将来做什么才重要。(　　)

做完后根据下面的计分表算出自己在这19道题目上的总分(　　　)。

题号	选项记分				
	1.从不	2.偶尔	3.有时	4.经常	5.总是
2,5,6,7,8,9,10,14,18,	1	2	3	4	5
1,3,4,11,12,13,15,16,17,19	5	4	3	2	1

算出你自己的总分后,根据下表就可以测出自己的学习适应情况。

年级	性别	评分等级(根据总分)				
		优秀	良好	中等	一般	需改进
初中	男	86以上	76~86	52~75	40~51	40以下
	女	86以上	79~86	57~78	46~56	46以下
高中	男	79以上	70~79	50~69	41~49	41以下
	女	79以上	71~79	53~70	44~52	44以下

(四)学生心理健康测验

1. 心理健康诊断测验(MHT)

MHT是由华东师范大学心理学系教授周步成和其他心理学科研究人员,将日本铃木清等人编制的"不安倾向诊断测验"进行修订,使之成为适应于我国中学学生标准化的心理健康诊断测验。

中学生正处在身心迅速发展的时期,他们所面临的内外压力普遍较多,适度压力可以提高个体的动机,促进学习和工作的效率,使个体适应得更好。但当前不少压力已超过了他们的负荷,常常会引起纷扰的、不利的、危机严重的后果,这些不良后果可能包括身体的症状,如焦虑、紧张、不安、抑郁、恐惧等情绪困扰,以及种种适应问题,甚至还会引发精神症状等。国内有调查表明,在中学中,不同程度的心理困扰和适应不良的学生所占比例相当高。

本测验从焦虑情绪所指向的对象和由焦虑情绪而产生的行为这两个方面进行测定。全量表由8个内容量表构成,这8个内容量表包括:学习焦虑、对人焦虑、孤独倾向、自责倾向、过敏倾向、身体症状、恐怖倾向、冲动倾向。把这8个内容量表的结果综合起来,就可以知道一个学生一般焦虑的程度,而各内容量表的结果可诊断出个人的焦虑中,哪个方面的问题较大。

2. 中小学生心理健康测验

中科院心理研究所王极盛于1997年编制《中学生心理健康量表》(MSSMHS),该量表共有60个项目组成,包括10个分量表。10个分量表分别为强迫症状、偏执、敌对、人际关系敏感、抑郁、焦虑、学习压力感、适应不良、情绪不稳定、心理不平衡。

另有一套中学生心理健康量表是谭和平在1998年编制的。[8]它从认知正常、情感协调、意志健全、个性完整和适应良好等五个心理健康维度来衡量中学生的心理健康水平。谭和平采用自陈量表编制原理和问卷调查分析法,编制了具有较高效度和信度的中学生心理健康量表,并随机抽取有代表性的中学生样本(n=1248),制订了上海常模,对开展中学生心理健康与素质教育具有理论和实践上的指导意义。

华东师范大学缪小春、桑标教授编制的《中(小)学生心理健康量表》(2006版,上海学生)主要从学生的认知发展(对学习的动力与认识是否明确)、行为表现(行为规范与举止是否得体以及是否符合其年龄特点和社会要求)、情绪情感(对情绪的控制与表达是否妥当与适度)、社会适应(生活习惯、社会认知以及人际交往等调节与适应是否良好)和自我意识(对自己的认识、了解、定位、接纳是否准确、客观和积极)5个方面来看学生的心理发展状况。该量表小学生50题,中学生65题,均为自陈量表。

(五)生涯发展测验

1. 生涯评估量表(CAI)

CAI是一种兴趣量表,是一种比明尼苏达职业兴趣量表更新且专门为非专业成人准备的兴趣问卷。CAI于1975年首次出版,1987年首次正式使用,其模式与斯特朗职业兴趣量表(SVIB)极为相近。但CAI的特别之处在于,它是专为寻找不需要大学学历或不具备专业技术的职业人所设计的,特别适用于技巧性的贸易员、牙科卫生师、自助餐服务员、电脑录入员等职业。这个问卷共305个题目,内容包括3类,即活动、学校科目及职业名称。测验编制者还特别注意保证职业评鉴量表无文化差异问题,并避免性别偏差。每个题目从"非常喜欢"到"非常不喜欢"有5种选择,以小学六年级的阅读水准编制而成,可用于阅读能力不佳的成人。

CAI提供三个主要类型的量表,包括6个一般主题量表、22个同质的基本兴趣量表和91个职业量表。CAI的指导手册非常完整和清晰,各种心理测量学指标也很好。除了6个一般主题量表外,其他各类的量表均为CAI所专有。

2. 霍兰德职业兴趣测验(SDS)

约翰·霍兰德是美国约翰·霍普金斯大学心理学教授,美国著名的职业指导专家。他于1959年提出了具有广泛社会影响的职业兴趣理论。理论认为人的人格类型、兴趣与职业密切相关,兴趣是人们活动的巨大动力,凡是具有职业兴趣的职业,都可以提高人们的积极性,促使人们积极地、愉快地从事该职业,且职业兴趣与人格之间存在很高的相关性。霍兰德认为人格可分为现实型、研究型、艺术型、社会型、企业型和常规型共6种类型。

霍兰德认为人格是兴趣、价值、需求、技巧、信仰、态度和学习个性的综合体。就职业选择而言,兴趣是个体和职业匹配的过程中最重要的因素。职业兴趣作为一种特殊的心理特点,由职业的多样性和复杂性反映出来。职业兴趣上的个体差异是相当大的,也是十分明显的。因为,一方面,现代社会职业划分越来越细,社会活动的要求和规范越来越复杂,各种职业间的差异也越来越明显,所以对个体的吸引力和要求也就迥然不同;另一方面,个体自身的生理、心理、教育、社会经济地位、环境背景不同,所乐于选择的职业类型、所倾向于从事的活动类型和方式也就十分不同。

1991年,加蒂针对霍兰德的正六边形模型中有关相邻职业群距离相等这一假设的局限性,提出了三层次模型。两年后,普雷迪格尔在霍兰德六边形模型的基础上加上人和物维度、数据和观念维度,使职业的类型和性质有机地结合起来。美国大学考试中心在普雷迪格尔的二维基础上,将职业群体的具体位置标定在坐标图上,由此得到工作世界图。

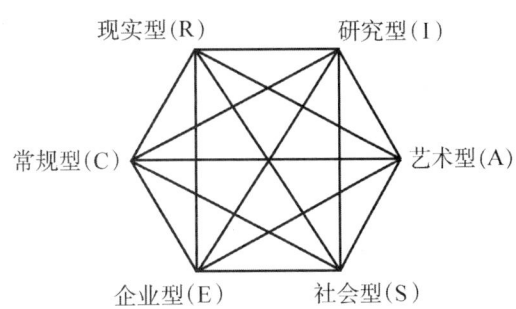

图 3.5　霍兰德 6 种人格类型

3. 职业性格测试(MBTI)

MBTI 是一种迫选型、自我报告式的性格评估工具,用以衡量和描述人们在获取信息、作出决策、对待生活等方面的心理活动规律和性格类型。

1913 年,瑞士心理学家荣格在慕尼黑国际精神分析会议上提出了内向型性格与外向型性格,揭开了现代性格类型与生涯发展研究的序幕。1921 年,荣格发表《心理类型学》(德文版),该书是现代性格类型理论公认的奠基之作。1942 年,美国的凯瑟琳·布里格斯和伊莎贝尔·布里格斯·迈尔斯母女在荣格理论的基础上,开发了 MBTI 的第一张量表——量表 A。当时正值第二次世界大战,伊莎贝尔母女希望通过 MBTI 增进人与人之间的相互理解和欣赏,从而避免战争。1957 年,MBTI 升级到量表 D,增设"词对问题"。1962 年,MBTI 由新泽西普林斯顿的教育测试服务机构 ETS 出版,但 ETS 规定它只能被用于研究领域。同年,伊莎贝尔·布里格斯·迈尔斯出版了她的研究手册,这是有关 MBTI 的第一个正式文献。

MBTI 是当今世界上应用最广泛的性格测试工具之一,它已经被翻译成近 20 种世界主要语言,每年的使用者多达 200 多万。据有关统计,世界前 100 强公司中已有 89% 引入了 MBTI,用于员工和管理层的自我发展、提升组织绩效等各个领域。当前的学生职业发展与就业指导中也会用到 MBTI。

MBTI 把性格分成 4 个维度,每个维度上包含相互对立的 2 种偏好。

表 3.3　MBTI 测试的性格维度

外向 E	vs	内向 I
感觉 S	vs	直觉 N
思考 T	vs	情感 F
判断 J	vs	感知 P

其中,"外向 E—内向 I"代表着各人不同的精力来源;"感觉 S—直觉 N""思考 T—情感

F"分别表示人们在进行认知和判断时不同的用脑偏好;"判断 J—感知 P"针对人们的生活方式而言,它表明我们如何适应外部环境,即在我们适应外部环境的活动中,究竟是感知还是判断发挥了主导作用。

4 个维度上特定偏好的组合就构成一种特定的性格,譬如 ISTJ 代表"内向—感觉—思考—判断"型性格,ENFP 则代表"外向—直觉—情感—感知"型性格。由此可知,性格一共有 16 种不同的类型。

表 3.4　MBTI 测试 16 种性格分类

ISTJ	ISFJ	INFJ	INTJ
ISTP	ISFP	INFP	INTP
ESTP	ESFP	ENFP	ENTP
ESTJ	ESFJ	ENFJ	ENTJ

MBTI 人格类型量表分 4 个维度,8 个因子:外向—内向(EI)、感觉—直觉(SN)、思考—情感(TF)、判断—感知(JP)。每一维度上两个因子的得分呈负相关。[9]

MBTI 人格类型量表的 EI 维度与乐群性(A)、恃强性(E)、兴奋性(F)、敢为性(H)、内外向(E)等因素呈正相关关系;与忧虑性(O)、独立性(Q2)、紧张性(Q4)、神经质(N)、焦虑(ANX)、疑心(HYP)和脱离现实(UNR)等因素呈负相关关系。

MBTI 人格类型量表的 SN 维度仅与忧虑性(O)呈正相关关系;与恃强性(E)、兴奋性(F)、敢为性(H)、幻想性(M)、内外向(E)、病态人格(PSD)、兴奋状态(HMA)等因素呈负相关关系。

MBTI 人格类型量表的 TF 维度与稳定性(C)、恃强性(E)、有恒性(G)、敢为性(H)、实验性(Q1)、独立性(Q2)、自律性(Q3)等因素呈正相关关系;与忧虑性(O)、紧张性(Q4)、神经质(N)、焦虑(ANX)、疑心(HYP)和脱离现实(UNR)等因素呈负相关关系。

每一种性格类型都具有独特的行为表现和价值取向。了解性格类型是寻求个人发展、探索人际关系的重要开端。MBTI 揭示了性格类型的多样性和由此导致的不同个体之间行为模式、价值取向的差异性:性格类型深刻影响着个体观察事物的角度、思考问题的方式、决策的动机、工作中的行事风格,乃至人际交往中的习惯与喜好;不同性格的人在相同的境遇中或者面对相同问题时往往作出截然不同的反应。每一种性格类型都表现出独特的行为特征,为个人带来不同的能力优势与局限——怎样扬长避短,为最合适的人安排最合适的工作?每个人具有哪些能力优势与局限?怎样根据性格类型找到最佳的职业定位、规划未来的职业发展?MBTI 从性格类型入手,引导个体认识自己、理解他人,在个人发展中建立自信并相互信任,从而更富成效地开展合作,也为个人生涯铺就最佳途径。

四、教师与家长心理测验量表

1. 教师职业倦怠量表

职业倦怠是职业压力的一种,指在职业环境中,对长期的情绪紧张源和人际关系紧张源的应激反应而表现出的一系列心理、生理综合症。教师是职业倦怠感的高发人群。教师身上表现出的职业倦怠感对学生的成长和发展有巨大的消极影响,并影响现有教师知识、技能水平的正常发挥,造成原本紧缺教育资源的隐性流失和浪费。[10]

Maslach 职业倦怠调查普适量表(MBI—GS)在国际上通用,经过多次反复验证,具有很高的信度和效度,是广泛使用的测量工具。问卷共 16 个题目,包括情绪耗竭(共 5 题)、去个性化(共 5 题)和职业效能(共 6 题)共 3 个维度。量表采用 7 点自评方式,计分方式为 0~6 分,从不为 0 分,一年中有几次或更少为 1 分,一个月一次或更少为 2 分,一个月中有几次为 3 分,一个星期一次为 4 分,一个星期中有几次为 5 分,每天为 6 分,分值越高则倦怠越强。7 点计分的平均值和中间数为 3 分,3 分以下者表示职业倦怠较低,3~5 分者表示职业倦怠比较严重,5 分以上者表示职业倦怠非常严重。

国内的一些研究学者借鉴国外的研究成果,对 Maslach 职业倦怠问卷(MBI)进行了修订,编制了一些适合中国文化特点的教师职业倦怠问卷。王国香等人在 2003 年修订编制了《教师职业倦怠量表》(Educator Burnout Invenory,EBI)[11]。

● 专栏

您是否职业倦怠?

说明:以下 10 题请根据您的实际情况选择"是"或"否"。
1. 我常在工作一整天后,感到精疲力尽;
2. 我对工作经常感到负荷很重,耗尽心神;
3. 我觉得我工作得太辛苦了;
4. 我觉得我的工作耗尽了我的精力;
5. 我常对教育学生或班级管理感到精疲力尽;
6. 整天和学生在一起的工作确实让我感到疲劳;
7. 直接面对学生的工作给我太大压力;
8. 我觉得当老师是一件很累的事情;
9. 我觉得与刚开始当老师时相比,自己现在变得越来越放不开,越来越患得患失了;
10. 有时候我觉得自己快要没有能量去面对教学和学生工作了。

结果:回答"是"在 5 道以上就有职业倦怠(参考)。

2. 教师心理健康测试

2010 年俞国良等编制了针对我国教师心理健康的评价量表,并对来自北京、河北、江苏、山东、山西、青海、浙江等省市的 1819 名教师进行了测试,并编制了《教师心理健康评价量表》[12]。《教师心理健康评价量表》由自我、社会、工作和生活 4 个分量表构成。经检验,《教师心理健康评价量表》具有良好的信度和效度,可以在今后相关研究中作为了解教师心理健康状况的测量工具使用。研究同时还发现,幼儿园、小学、初中和大学的教师同时存在发展性问题和适应性问题,而高中教师只有适应性问题,没有发展性问题。

3. 教师的主观幸福感测试

主观幸福感（SWB）主要是指人们对其生活质量所做的情感性和认知性的整体评价。在这种意义上，决定人们是否幸福的并不是实际发生了什么，而是人们对所发生的事情在情绪上作出何种解释，在认知上进行怎样的加工。与心理幸福感（PWB）这一概念一样，主观幸福感日益受到重视。SWB是一种主观的、整体的概念，同时也是一个相对稳定的值，它是评估相当长一段时期的情感反应和生活满意度。

随着教师工作环境的变化，追求职业的价值感和幸福感，也是教师工作应有的内涵。关于国内主观幸福感的测验主要参照山东大学邢占军博士主编的《中国城市居民主观幸福感量表》[13]，有关教师的主观幸福感量表多数还在研究之中。

● 专栏

您是否感到幸福？

根据自己的实际感受回答"是"或"否"。
1. 对自己当前的生活状态很满意；
2. 能够坦然面对生活与工作的波澜；
3. 现在的社会大环境还是充满正能量的；
4. 自己在专业发展上每年都有进步；
5. 自己的奋斗目标非常清晰；
6. 我是一个容易自我满足的人；
7. 自己是一个充满活力的人；
8. 不喜欢盲目竞争和攀比；
9. 和周围多数人的关系处理得良好；
10. 家对我来说是温暖的。

结果：回答"是"在5道以上表明在主观上是幸福的。

4. 亲子关系量表

人际关系是影响学生生活、学习与心理健康的重要因素。[14]在学生的人际关系中，除了师生、同伴关系以外，亲子关系是最直接、最亲密的关系了。良好的亲子关系能促进学生健康发展，相反，如果亲子关系不和谐，甚至是敌对和冲突的，那对学生的成长是起阻碍和反作用的。

● 专栏

测试：你和父母的关系如何？

测试说明：你可以根据自己最近的实际情况做"1. 从不；2. 偶尔；3. 有时；4. 经常；5. 总是"的选择，将相应选项的数字填写在每道题目后的括号里。

1. 我经常和父母交流自己的想法；(　　　)

2. 家对我来说是温暖的;(   )
3. 我爱我的家人;(   )
4. 有困难我会得到父母的帮助;(   )
5. 我和父母之间是平等的;(   )
6. 父母为我而骄傲;(   )
7. 父母批评或指责我;(   )
8. 我的很多想法在父母看来很幼稚;(   )
9. 父母给我的压力很大;(   )
10. 我喜欢和父母呆在一起;(   )
11. 父母对我干涉太多,比较烦他们;(   )
12. 我感到父母根本不了解、不理解我。(   )

做完后根据下面的计分表算出在这12道题目上的总分。

题号	选项记分				
	1. 从不	2. 偶尔	3. 有时	4. 经常	5. 总是
1,2,3,4,5,6,10	1	2	3	4	5
7,8,9,11,12	5	4	3	2	1

学生算出总分后,根据下表就可以测出自己与父母的关系情况。

年级	性别	评分等级(根据总分)				
		优秀	良好	中等	一般	需改进
初中	男	42以上	38~42	33~37	23~32	23以下
	女	43以上	39~43	35~38	26~34	26以下
高中	男	40以上	35~40	30~34	23~29	23以下
	女	41以上	37~41	32~36	26~31	26以下

5. 家庭教育测试

家庭教育方式和教育风格对学生的心理健康影响比较大。在学校心理辅导工作中,除了了解学生的心理健康现状,还要了解家长的教育方式和教育风格。所谓家庭教育风格就是指家长在教育孩子的过程中所采取的教育理念、方式与方法等,或者说用何种心态去和孩子沟通,解决孩子成长中的问题。不同的家庭教育方式和教育风格对亲子关系的建立、亲子冲突的化解以及家庭情感支持等都有很大的影响。所以学校心理辅导同时要注重家庭心理健康教育的指导。

❊ **测试1:家庭教育方式测试**

问学生:"李斌同学很喜欢拆装一些小东西,有一次他独自在家,把家里的闹钟拆开了,这时,他爸爸突然回来了……"假如你是李斌,你的父亲看到你这种行为会怎样。请你选一项。

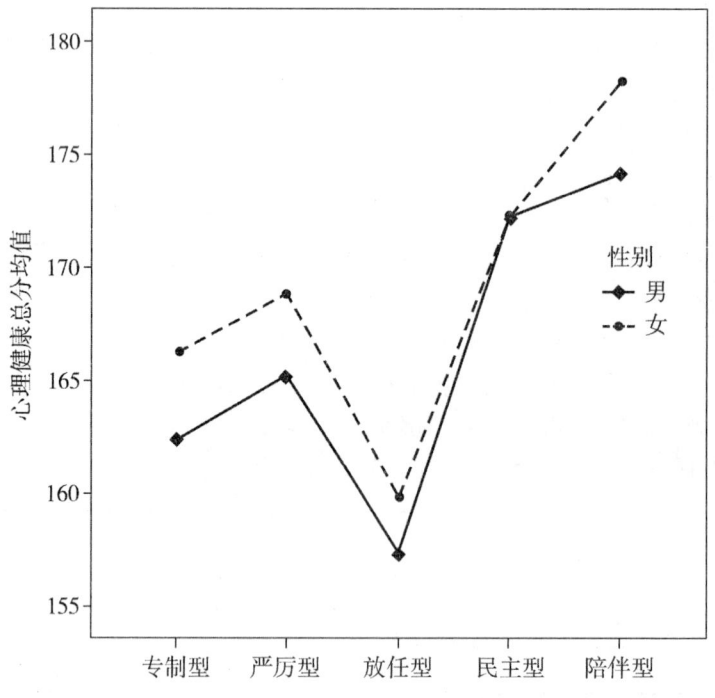

图 3.6　不同家庭教育方式对学生心理健康的影响[15]

1. 很生气,训斥我一顿;2. 警告我以后别再做这样的事;3. 无所谓,反正都已经拆开了;4. 赞许,并加以鼓励;5. 陪着我一同做,并给我讲解相关知识。

问家长:"李斌同学很喜欢拆装一些小东西,有一次他独自在家,把家里的闹钟拆开了,这时,他爸爸突然回来了……"假如您是李斌的父亲,看到李斌这种行为会怎样。请您选一项。

1. 很生气,训斥他一顿;2. 警告他以后别再做这样的事;3. 无所谓,反正都已经拆开了;4. 赞许,并加以鼓励;5. 陪着他一同做,并给他讲解相关知识。

分析:这是一道情景投射题目,是了解和测试家长教育孩子的方式。可以参照的解释结果是:1.专制型教育方式;2.严厉型教育方式;3.放任型教育方式;4.民主型教育方式;5.理解型(或陪伴型)教育方式。

❋ **测试2:家庭教育风格测试**

问学生:有一天你答应父母晚上9点前回家,却无故晚了一个小时,也没有事先打电话,你的父母反应会是……

A. 这么晚才回来!你又到哪里去了?又去跟谁混了?(接下来便拳脚相加)

B. 回来就好,回来就好,下次这么晚的话我们去接你。

C. 瞪我一眼,不置可否。

D. 你已经超过了所说的回家时间,发生了什么事?说清楚。

问家长:您的孩子有一天答应晚上9点前回家,却无故晚了一个小时,也没有事先打电话给您,您的反应会是……

    A. 这么晚才回来!你又到哪里去了?又去跟谁混了?(接下来便拳脚相加)

    B. 回来就好,回来就好,下次这么晚的话我们去接你。

    C. 瞪他一眼,不置可否。

    D. 你已经超过了所说的回家时间,发生了什么事?说清楚。

    分析:这也是一道情景投射题目,是了解和测试家长的教育风格。可以参照的解释结果是:A 控制型家长:对孩子的一切都要管控,总是对孩子不放心;B 放任型家长:认为孩子有自己的想法,任其发展,可以不闻不问;C 忽视型家长:认为只要给孩子提供基本的生活所需,他的成长与家长关系不大;D 权威型家长:时刻提醒孩子要长幼有序,不允许孩子冒犯家长,觉得孩子永远长不大,要对家长言听计从。

    当然,家庭对孩子的影响与教育是一个长期的过程。以上呈现的部分极端的家庭教育方式和风格会比较少。家长对孩子的教育受知识、情景、情绪和理念的影响,不能一概而论。

第三节　学校心理测评的基本过程

一、测量与心理测量

1. 测量

测量就是依据一定的法则使用量具对事物的特征进行定量描述的过程,即依照一定的规则(或法制)给事物(或测量对象)指派数字(赋值)。

2. 心理测量

心理测量是用来检测人们的能力、行为和个性特质的测验程序。心理测量通常是指对个体差异的测量,因为多数测量都是确定在某一维度上,某人与其他人如何不同或相似。

心理测量是指依据一定的心理学理论,使用一定的操作程序,给人的能力、人格及心理健康等心理特性和行为确定出一种数量化的价值。广义的心理测量不仅包括以心理测验为工具的测量,也包括用观察法、访谈法、问卷法、实验法、心理物理法等方法进行的测量。心理测量是通过科学、客观、标准的测量手段对人的特定素质进行测量、分析、评价。这里的所谓素质,是指那些完成特定工作或活动所需的与之相关的感知、技能、能力、气质、性格、兴趣、动机等个人特征,它们是以一定的质量和速度完成工作或活动的必要基础。

二、开展心理测验的注意事项

1. 测验的场所

本测验属于团体测验(也可个别实施)。团体实施时,以学生日常学习的教室为宜,不习惯的地方,吵闹的地方,容易使学生分心,不宜使用。

2. 测验的时间

测验时要考虑到学生的疲劳和兴奋程度,尽可能不在节日前后、体育活动后实施测验,测验实施时应让学生安下心来再开始。整个测验约需一节课的时间,但测验时间不必严格限制。一般说来,年级越高,所需测验时间就越短。早完成的学生应让他(她)出去,以免打扰别人。

3. 测验的实施程序和方法(以认知测验为例)

(1) 发测验回答用纸前,首先向受试者讲清测验的目的,使受试者正确了解测验,以正确的态度积极参加测验。

(2) 测验指导语。如:"这个调查不是要了解你的能力大小、性格是好还是不好,而是要通过详细的调查研究得出:根据你的性格、状态和环境条件,如何进行学习才能充分提高你的学习能力。因此,你实际上是怎么做的,怎么想的,就怎么回答。如果不说实话,回答的内容与平时情况不同,那这项调查对你是没有用处的。"

(3) 拿到回答用纸后的注意事项。发回答用纸前,可对大家说:"现在我把'测试的回答用纸'发给你们,每人一张。拿到后,请填写好省、市、区、县、学校、年级、班级、学号、姓名、性别、年龄、测验日期等信息。上述各项务必要求填写清楚,准确无误。"待每位学生填写好上述各项后,对大家说:"我下面要发给每人一份测验题目,你们拿到测题本后,务必注意以下两点:第一,这本测验题目要反复使用,不能在上面写任何字,画任何东西,必须保持整洁,每一个问题的答案都请在我刚才发给你们的回答用纸上作答;第二,测题本拿到后不要打开,等我叫你们打开时再打开。"

(4) 发测题本后的注意事项。测题本分发完毕后,可对大家说:"请同学们打开测题本,翻到测验指导语或说明中的'回答方法'和'注意事项'部分,边看边听老师朗读,同时做好'例题'练习。同学们完全掌握了答题方式之后,方可开卷正式测验。"

4. 测验注意事项

在测验实施过程中,主测者应在教室内巡视,如果学生有不认识的字或意思不懂的单词,应小声地告诉他(她),不要打扰别人,但不能暗示答案。

如有学生问:"我从未遇到过此种情况怎么办?",可回答:"按照假设的情况回答。"

对小学低年级测试,主测者可以朗读测试题让学生回答。

三、标准化心理测验的条件

1. 防止测验误差

误差是指与测验目的无关的因素引起的测验结果不稳定或不准确的效应,心理测量的误差主要有以下3方面的来源。

其一,施测条件。测量环境的好坏及各种条件是否一致会给测量结果带来很大影响。在一个嘈杂、有许多意外干扰、过冷(或过热)的环境中测量,会使受试者的注意力不能集中,感到不适和厌烦。如果测量的标准不一,有时限制时间,有时又不限制,或者随意调换测验程序等都会使结果出现较大偏差。

其二,主试因素。主试是测验的主持人,前面提到的施测条件和方法都要靠主试来掌握。因此,测量的准确与否与主试的素质有很大关系。主试的主观因素也会影响到测验的准确性,因此主试需经标准化训练以避免其他因素的干扰。

其三,受试者因素。受试者因素主要有3点。(1)应试动机。受试者应试动机的强弱会直接影响测验结果。如果一个被试对测验毫无兴趣,只是被动作出反应甚至消极对抗,其结果如何是可想而知的。所以一般在做心理测验前,要使受试者明确测验意义,充分发动其应试动机,以保证测验顺利完成并得到真实结果。(2)测验焦虑。测验焦虑是受试者在测验前或测验中的一种紧张体验。这种紧张体验在一定强度下会有助于测验的准确性,但过分强烈则使注意力不能集中而影响结果。(3)生理状态。受试者在施测过程中的机体状况,如疲劳与否,有无其他不适等也会影响测验结果,带来误差。所以测量应选在受试者身体健康、体力充沛时进行,每次测量时间也不应过长。

2. 测验的相关要求

(1) 对主试的要求。熟悉所要施测的测验及要求,并且有测验的主试资格。

(2) 对场所的要求。一般要比较安静、舒适,光线比较柔和明亮,空气流通好,相对封闭。

(3) 对来访者的要求。身体状况良好,没有疲劳感,做测试时比较放松。

(4) 测验的基本伦理。主试对测试的信息要做到保密,不随便给学生贴"心理问题"标签,并将心理测试与学生的心理健康发展与心理健康教育服务相结合。

组织测试者的伦理道德[16]

组织测试者能否规范操作并遵守测验的道德对测试结果有很大的影响。下面就节选中国心理学会(心理测量专业委员会)对主试的伦理道德要求作为调查测试的伦理道德参照。

1. 心理测验工作者有义务向受测者解释使用测验的性质和目的,充分尊重受测者的知情权。

2. 应以正确的方式将测验结果告知受测者。应充分考虑到测验结果可能造成的伤害和不良后果,保护受测者或相关人免受伤害。

3. 评分和解释要采取合理的步骤确保受测者得到真实准确的信息,避免作出无充分根据的断言。

4. 应诚实守信,保证依专业的标准使用测验,不得因为经济利益或其他任何原因编造和修改数据、篡改测验结果或降低专业标准。

5. 为维护心理测验的有效性,凡规定不宜公开的心理测验内容如评分标准、常模、临界分数等,均应保密。

6. 心理测验工作者应确保通过测验获得的个人信息和测验结果的保密性,仅在可能发生危害受测者本人或社会的情况时才能告知有关方面。

第四节 学校心理测评的基本原理

一、样本与抽样

(一)样本

研究中实际观测或调查的一部分个体称为样本,研究对象的全部称为总体。样本又称"子样",是指按照一定的抽样规则从总体中取出的一部分个体。样本中个体的数目称为"样本容量"。为了使样本能够正确反映总体情况,对总体样本和抽样都要有明确的规定:总体内所有观察单位必须是同质的;在抽取样本的过程中,必须遵守随机化原则;样本的观察单位还要有足够的数量。

(二)抽样的原则

1. 科学性

严格按照影响学生心理发展的种群特征、人口统计学特点以及抽样学的基本要求进行分层、随机抽样,保证样本的可靠性。

2. 代表性

抽样过程中要做到分层(区域、学校、年级、班级等)随机(按照指定学号或随机数),使每个样本在所在的层或群体中具有充分和广泛的代表性。

3. 典型性

考虑到学生分布的广泛性与区域之间的差异性,选择的抽样区域在社会、经济发展等方面要具有典型性。

4. 经济性

抽样的理想数据与实际数据之间存在差异性,在保证抽样科学性、代表性的同时,最低样本量可以做到抽样实施过程中省时、经济、有效,节约抽样成本。

5. 可操作性

抽样是一定时空的产物,在一定的时期内按时、准确完成抽样可以保证抽样调查的有序进行。在保证科学性同时,抽样的简单、可操作是需要的。

(三)抽样的方法

1. 简单随机抽样

简单随机抽样,指按照等概率原则,以简单方便的形式随机抽取,从而确定样本。

如以 A 学校为例,从 120 名学生中抽取 95 人作调查,可根据调查时情况,直接除去不在班的学生,或直接除去学号为 10 的倍数的学生,以随机确定足够的样本数。

2. 等距抽样

等距抽样适用于学生人数比较少，相对集中的学校。

等距抽样要求学校将抽样框（全体学生名册）随机排序并编号，随意确定起抽号，再按等距方法直接抽样。取样的间隔由学生总数与样本数之比决定，即取样间隔＝学生总数/样本数。

以 B 学校为例，学生总数 778 人，样本 264 人，取样间隔＝778/264＝2.9，可取整数，即每 3 个人抽取一个样本。要求学校将抽样框按照姓氏笔画随机排序并编号，在前 3 个号中可随意选择起抽号，如选择 1 为起抽号，则选入样本的编号应依次为 1，4，7，10……如数到 778，只选取了 260 人的样本，则再随意选择 2 为起抽号，依次选取 2，5，8，11，直到抽满 264 人为止。

按照等距抽样法，如抽取到不在班（如病假等）的学生，可往后顺延直到抽取足够的样本数。

3. 整群抽样

适用于年级、班级比较多，每个年级、班级学生人数比较少的学校。

整群抽样要求学校提供在校学生的全部名单，以及平均每个年级的学生人数，然后按照等距抽样法抽取需调查的年级，凡是被抽取年级的全体学生都是被抽样对象。

以 C 学校为例，该学校为多个年级，学生总数 4 500 人，若样本数 365 人，学校有 9 个年级，有 150 个班级，平均每个班级人数 30 人，按照等距抽样法在 150 个群（9 个年级的 150 个班级）中抽取 12 个，这 12 个群（班级）的所有学生都是被抽样对象。

4. 多段抽样

适用于学生人数比较多（本次调查界定为 1 000 人以上），或者班级比较多的学校。

多段抽样，首先按概率比例规模抽样方法，简称 PPS 抽样调查法，抽取学校所属年级，被抽取的年级不得少于总年级数的 1/3；然后在抽取的年级中将学生随机排序后编号，按照等距抽样法抽取被调查学生。

以 D 学校为例，学生总数 1 965 人，样本数 300 人，学校下属年级共 12 个。

A 年级	B 人数	C 累计人数	D 第一次抽样	E 第二次抽样	F 样本数
年级 1	100	0 100			
年级 2	215	0 315			
年级 3	400	0 715	0 691	0 399/0 378/0 451/0 546	4×30＝120
年级 4	65	0 780	0 763		
年级 5	78	0 858	0 842		
年级 6	90	0 948			
年级 7	198	1 146	1 009/989/1 085/1 045	1 122/1 108	2×30＝60
年级 8	56	1 202	1 180		
年级 9	45	1 247			
年级 10	80	1 327	1 280/1 255/1 288		
年级 11	78	1 405			

（续表）

A 年级	B 人数	C 累计人数	D 第一次抽样	E 第二次抽样	F 样本数
年级 12	560	1 965		1 754/1 932/1 563/1 438	4×30 = 120
					共 300 人

① 首先把样本数分 10 份，每份 30 人。

② 计算 C 累计学生人数，并按照四位数填写。

③ 选用一个 4 位数的随机数表作为抽样工具，在随机数表上抽取任意列、任意行的 4 个数字作为第一个样本，在随机数表上，按照确定的规则从上到下（或从左到右、或隔行隔列）选取号码，将小于累计数的随机数号码填写在相应范围的栏目中，超出累计数总数以上的号码被淘汰，按照这样的方法，选出样本份数。此例中，从《随机数表》第一个 7 807 开始，从上向下选取号码，见 D 第一次抽样，选取的号码共涉及六个年级，每个年级落入几个号码，即为几份，再按照每份 30 人计算，则为从该年级应该抽取的学生数。

④ 如第一次抽样所抽取年级数少于年级总数的 1/3，或抽取的年级较为集中，缺少代表性，可根据实际情况，进行第二或三次抽样。

利用 PPS 抽样调查法抽样，年级人数越多，被抽取的可能性越大，被抽取的样本数可能也越多。

二、正态分布与标准分数

1. 正态分布的概念

正态分布是一种概率分布，也称"常态分布"。正态分布是具有两个参数 μ 和 σ^2 的连续型随机变量的分布，第一参数 μ 是服从正态分布的随机变量的均值，第二个参数 σ^2 是此随机变量的方差，所以正态分布记作 $N(\mu,\sigma^2)$。服从正态分布的随机变量的概率规律为取与 μ 邻近的值的概率大，而取离 μ 越远的值的概率小；σ 越小，分布越集中在 μ 附近，σ 越大，分布越分散。

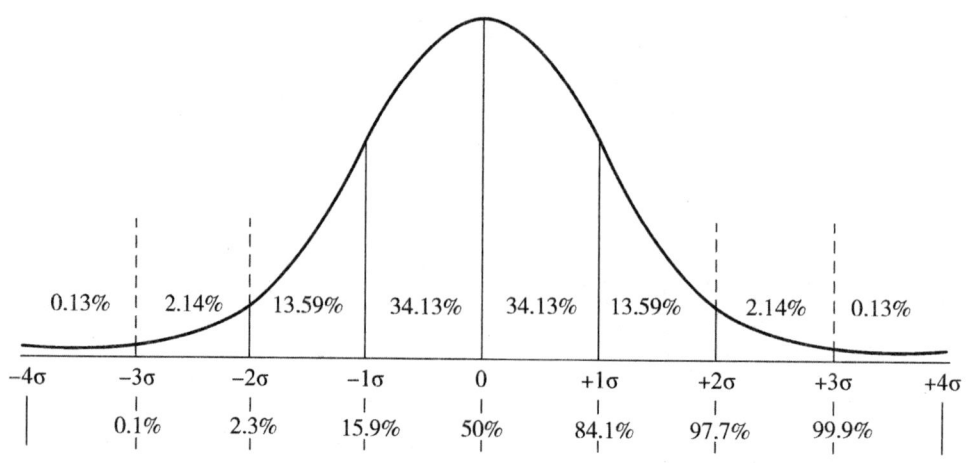

图 3.7 正态分布下标准差（σ）与百分位数的关系

查德·赫恩斯坦,美国比较心理学家,因和默瑞因合著《正态曲线》一书而闻名,在该书中他们指出人们的智力呈正态分布。

2. 正态分布下的标准分数

(1) 常模的换算与制订

常模的换算过程是将被试的量表原始分数转换成为标准分 Z,并将 Z 分数再转换成 T 分数。

具体的关系如下:

$$Z=(X-M)/S; T=50+10Z$$

其中,X 是某个体在某量表的原始分数,M 为该个体所在样本群体在某量表上的平均数,S 则为样本群体在该量表的标准差。它们与百分位和百分比的换算见表 3.5:

表 3.5 百分位、Z 分数、T 分数、等级、百分比的转化表

百分位(%)	Z 分数	T 分数	等级	百分比(%)
… 99	… 2.5	… 75	5⁺	1
… 93	… 1.5	… 65	5	7
… 69	… 0.5	… 55	4	24
… 50 … 31	… 0.0 … -0.5	… 50 … 45	3	38
… 7	… -1.5	… 35	2	24
… 1	… -2.5	… 25	1	7
…	…	…	1⁻	1

根据公式 $Z=(X-M)/S$ 和 $T=50+10Z$ 就完成了由原始分数到常模分数的换算。这样在具体的测试中,每个被试就可以依据常模分数做比较了(见表 3.6)。

表 3.6 百分位、标准分、等级、百分比对应表

百分位范围(%)	标准 T 分数	等级		百分比(%)
99~100	75 以上	5⁺	极优	1
93~98	65~74	5	优等	7
69~92	55~64	4	中上	24
31~68	45~54	3	中等	38

(续表)

百分位范围(%)	标准T分数	等级		百分比(%)
8~30	35~44	2	较差	24
1~7	25~34	1	差等	7
0~1	24以下	1⁻	极差	1

（2）常模相关分数的计算

① 平均数与标准差。某一受试者所测成绩（粗分，或称原始分）与标准化样本的平均数相比较时，才能确定其成绩的高低。

$$标准差\ S = \sqrt{\frac{\sum_{i=1}^{n}(X_i - M)^2}{n}}$$

其中：M 为样本平均数，S 为样本标准差，X 为被试在某测验上的原始总分，n 为样本人数，$\sum$ 为连加符号。

② Z 分数。均数所说明的问题还是有限的。只看均数，不注意分散情况，所得受试者的信息非常有限。如用标准分作常模，便可提供更多的信息。标准分能说明受试者的测验成绩在标准化样本的成绩分布图上居何位置。标准分（Z）等于受试者成绩（X）与样本均数（M）之差（即 $X-M$）除以样本成绩标准差（S）。简化成 $Z=(X-M)/S$。这样一来，不仅说明受试者的成绩与样本比较在其上或其下，而且还说明相差的程度大小。

许多量表采用这种常模或由此衍化出来的常模。例如：在韦克斯勒量表中，离差智商 = $100+15(X-M)/S$ 便是这一种。离差智商与标准分常模的不同之处在于：一是标准分均数为 0，而离差智商均数为 100；二是标准分的标准差 S 值随样本而定，而离差智商中是令标准差为 15。

③ T 分数。T 分数常模是标准分衍化出来的另一种常用常模。例如 MMPI 便采用此种常模。它与离差智商的不同之处是所设的均数值及标准差不同。标准分计算的公式如下：

$$T=50+10(X-M)/S$$

由标准分衍化而来的其他形式的常模，标准 20 和标准 10 即是属于这一类，都是改变均数及标准差值而得。其计算公式如下：

$$标准\ 20 = 10+3(X-M)/S$$
$$标准\ 10 = 5+1.5(X-M)/S$$

在韦克斯勒量表中，有粗分、量表分以及离差智商等量数，其中量表分的计算方法即属此处的标准 20 计算法。

④ 百分位。这是另一类常用常模，比标准分应用得早，且更通用，它的优点是不需要统计学的要领便可理解。百分位常模习惯上将成绩差的排列在下，好的在上，计算出样本分数的各百分位范围并将受试者的成绩与常模相比较。如相当百分位 50（P50），说明此受试者的成绩相当标准化样本的第 50 位。也即是说，样本中有 50% 的人数成绩在他之下（其中最好的至多和他一样），另外 50% 的人数成绩比他的好。如在 P25，说明样本中 25% 的成绩在他之下（或至多和他一样），另有 75% 的人数成绩比他的好，以此类推。

⑤ 划界分。在筛选测验中常用此常模,如教育上用100分制时,以60分为及格分,此即划界分,而入学考试时的划界分则因考生成绩和录取人数而异。在临床神经心理测验中,将正常人与脑病患者的测验成绩比较,设立划界分,用这个分数划分有无脑损害。如果某测验对检查某种脑损害很敏感,就说明设立的划界分很有效。病人被划入假阴性的人数就很少甚至没有,正常人被划为假阳性的也很少或没有。相反,如果不敏感,则假阳性或假阴性的机会均会增加。

⑥ 比率(或商数)。这一类常模也较常用。例如在离差智商计算方法之前,便使用比率智商。其计算方法为:$IQ = MA/CA \times 100$,是将MA(心理年龄)与CA(实际年龄)相等的设作100,以使IQ成整数。

三、心理测评的基本原则

1. 发展性

当前学生的心理辅导工作被学校和教育部门日益重视,为了更好、更有针对性地开展学校心理健康教育工作,对学生的心理发展状况的调查研究是必不可少的,而使用相关量表与问卷是调查中常用的技术与方法。当前学生的心理健康教育应该以发展、积极和鼓励的视角看学生,在使用心理测验工具或问卷的过程中,目标不是发现学生中"有心理问题"学生的比例,而是既要看到学生发展中的不足,也要看清楚学生发展的优势与个性特点,让心理测验更好地为学生的发展、辅导服务。

2. 易操作性

在使用心理测验的过程中,不宜占用学生太多的时间,以每学期1~2次测试为宜,每次不要超过1课时。测验的流程要简单清晰、便于操作,实施测试的心理辅导老师要熟悉整个测试的流程与目的。在做测试之前最好做好告知工作,让学生在平静、平稳的状态下完成测试,同时告诉学生测试的目的不是为了记录问题,而是发现他(她)的优势和不足。

3. 教育指导性

一般对于测试结果,若不是个别测验,不反馈给学生本人,也不告诉无关的和不了解测验目的的人。将整个团体测试数据做分析,了解学生心理健康发展的现状,分析影响学生心理发展的原因,寻找教育的策略,开展有针对性的心理辅导工作。如在有关学生网络成瘾的调查中发现,那些时间管理比较差、学习认同感比较低的学生更容易网络成瘾,而且存在显著的性别差异(男生多于女生),那么在对学生的网络使用教育中,应该在男同学中那些自律比较差、认同感比较低的学生中进行更多的预防或干预,做到防患于未然。

4. 非标签化

一般学校心理测评根据测试的对象可以将测验分为个别测验与团体测验。不管是个别测验还是团体测验,对于结果的解释不能简单、直接地做诊断性的分析,而是要根据使用测验的性质和目的区别对待。即便是诊断性测试,结果发现学生在某些方面有问题,也要慎重,不能直接说学生"心理有问题""智商不高""情商低""情绪抑郁"等标签性的评价话语,而是要做深入的个别访谈,为后续个别辅导提供参照和依据。对于发展性测验,即便是那些"发展滞后"的学生,也要防止"罗森塔尔效应"出现,做到多鼓励和激发学生。

四、心理测评的注意事项

1. 标准化

因为心理测验是一种数量化手段,因此标准化这一原则必须贯穿始终。测量应采用公认的标准化的工具,施测方法要严格根据测验指导手册的规定执行,并要有固定的施测条件、标准的指导语、统一的记分方法和常模。

2. 保密性

关于测验的内容、答案及记分方法只有做此项工作的有关人员才能掌握,决不允许随意扩散,更不允许在出版物上公开发表。保密原则的另一个方面是对受试者测验结果的保护,这涉及到个人的隐私权,有关工作人员应尊重受试者的权益。

3. 客观性

心理测验的结果只是测出来的东西,所以对结果做出评价时要遵循客观性原则,对结果的解释要符合受试者的实际情况。此外,还要注意不要以一两次心理测验的结果来下定论,尤其是针对年龄小的儿童做智力发育障碍的诊断,更要注意这一点。总之,在下结论时,评价应结合受试者的生活经历、家庭、社会环境以及通过交谈、观察获得的其他资料全面考虑。

参 考 文 献

[1] 徐俊冕.医学心理学[M].2版.上海:上海医科大学出版社,1996.

[2] 杨彦平.工作记忆测量及Baddeley4成分模型验证[D].重庆:西南大学,2011.

[3] 陈海平.韦氏儿童智力测验第四版的修订及其对智力测验开发的启示[J].宁波大学学报,2008(6).

[4] 黄希庭.心理学导论[M].2版.北京:人民教育出版社,2008.

[5] 杨彦平,金瑜.中学生社会适应量表的编制[J].心理发展与教育,2007(4).

[6] 杨彦平.中学生社会适应量表的编制[D].上海:华东师范大学,2007.

[7] 马月芝.学习适应量表(增订版)在上海地区的修订与应用研究[D].上海:华东师范大学,2005.

[8] 谭和平.中学生心理健康量表的编制[J].心理科学.1998(5).

[9] 顾雪英,胡湜.MBTI人格类型量表:新近发展及应用[J].心理科学进展,2012(10).

[10] 赵玉芳,毕重增.中学教师职业倦怠状况及影响因素[J].心理发展与教育,2003(1).

[11] 王国香,刘长江,武新春.教师职业倦怠量表的修编[J].心理发展与教育,2003(3).

[12] 俞国良,金东贤,郑建君.教师心理健康评价量表的编制及现状研究[J].心理发展与教育,2010(3).

［13］邢占军.中国城市居民主观幸福感量表简本的编制［J］.中国行为医学科学,2003(6).

［14］骆风,陈秋梅,刘惠良.家长心理健康、亲子关系及其对子女心理健康影响的调查研究［J］.教育研究与实验,2011(6).

［15］上海市教育科学研究院.2015 年调查结果［R］.上海:上海市教育科学研究院,2015.

［16］中国心理学会.《心理测验工作者职业道德规范》［J］.心理学报,2015(11).

第四章

学校心理档案的建立

第一节 大数据背景下的学校心理测评与心理档案建立

一、大数据与学校心理测评

1. 大数据的背景与特点

随着大数据(Big data)时代的到来,人们常常会问,什么叫大数据?多大的数据才叫大数据?其实,关于大数据,难以有一个非常定量的定义。维基百科给出了一个定性的描述:"大数据是指无法使用传统和常用的软件技术和工具在一定时间内完成获取、管理和处理的数据集"。"大数据"的经典定义可以归纳为4个"V"来表述:即海量的数据规模(Volume)、快速的数据流转和动态的数据体系(Velocity)、多样的数据类型(Variety)、巨大的数据价值(Value)。当今"大数据"一词的重点其实已经不仅在于数据规模的定义,它更代表着信息技术发展进入了一个新的时代,代表着爆炸性的数据信息给传统的计算技术和信息技术带来的技术挑战和困难,代表着大数据处理所需的新技术和新方法,也代表着大数据分析和应用所带来的新发明、新服务和新的发展机遇。

大数据的研究和分析应用具有十分重大的意义和价值。被誉为"大数据时代预言家"的维克托·迈尔—舍恩伯格在其《大数据时代》一书中列举了大量详实的大数据应用案例,并分析预测了大数据的发展现状和未来趋势,提出了很多重要的观点和发展思路。其实,在当前心理辅导工作中的心理测评与学生心理档案的建立,都离不开大数据这个时代背景,除了理念上的变化外,更多的是测评视角与方式的革新,可以将平时学生的学习表现、学业成就、家庭生活背景、个性特点,以及身体健康、心理发展等看似不相关的"无序"数据串起来,使其产生更多的信息和数据价值。

2. 大数据背景下学校心理测评的挑战

(1) 测评的观念必须发生改变——由报告走向服务

传统的心理测评和心理档案建立更多的是依赖纸笔测验,以形成个体与团体报告为目的。随着测试工具和测试技术的不断成熟,当前的测验不仅仅是描述和了解学生心理发展的状况,还要解释与分析影响学生心理健康的因素,进一步对学生的心理危机进行预测和干预,让测评更加详细全面地为学生的健康发展服务。

(2) 测评方式的革新——由单一走向多元

随着计算机技术和网络技术的发展,很多学校的心理测试可以借助网络来完成,数据的统计也可以通过计算机软件来完成(如SPSS,SAS,HLM等),学生心理档案的建立不仅仅是数据与信息的简单堆积,而是多元测试数据的纵横贯通与链接。由此在建立学生档案之初,就要全面考虑应用信息科技和网络,让数据和学生档案信息"活"起来。

(3) 心理档案的价值——用证据和数据说话

在传统的学校心理档案的建立中,更多的是对每个学生心理测试信息的归类和整理,而学生之间、年级之间或者学校之间的档案信息无法贯通。在大数据的背景下,学生的心理档案信息可以被各个激活,形成数据链或数据流,通过对数据的分析和比对,挖掘更深层次的信息,用数据和证据将档案信息应用到学生的心理健康教育中去。

3. 大数据背景下学校心理测评的新突破

(1) 在日常的任何时间可测

在大数据时代,一切数据分析和测评形式都成为可能。如利用一个简单的小米手环,就可以将一个人每天的睡眠、呼吸运动、血压状况等身体健康的"海量"信息收集和储存起来。现在学生的心理测试不再固定在某一个时刻,也不是以某一个固定的方式来测试,而是可以通过手机的 App 测试软件、微信、计算机网络、蓝牙等途径在其任何方便的时候来完成某个心理测试或心理档案信息的收集,使测试的方式和时间更加灵活。

(2) 在生活学习的任何地点可测

在传统的心理测试中和心理档案的建立中,学生心理信息的采集都是在机房或教室里完成的。有了网络技术和大数据分析平台,学生可以在课间、在旅游途中、在家里甚至是在乘坐地铁、公交时完成测试,大大节省了时间和空间成本,让测试"无处不在"。当然,这一切都要在保证信息安全与测试者身份真实的情况下进行。

4. 学校心理测评与档案数据库的建立

学生的心理测试可以认为是对学生心理档案数据的收集和准备。而学生心理档案可以看做是学生心理测试数据的管理与应用,两者相互依托,共同为学生心理测试数据库的建立做好基础性的服务。学生的心理测试、心理档案建立、心理数据库的形成是一个系统。具体见图4.1所示。

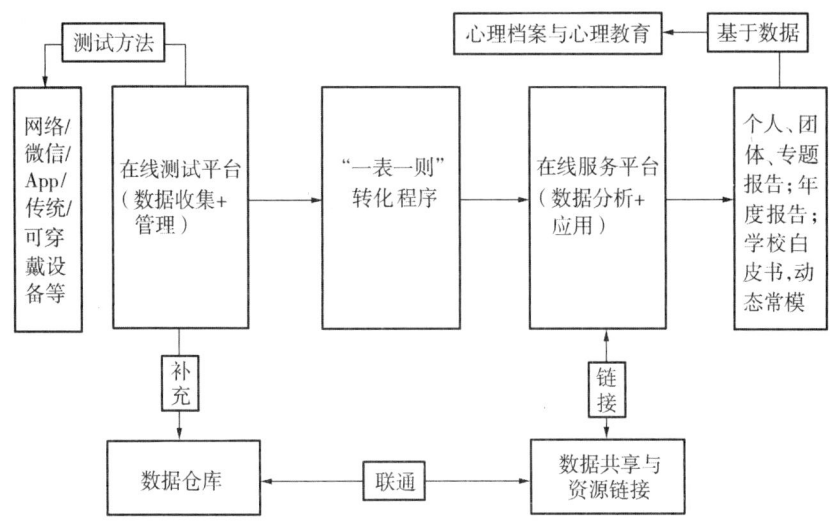

图 4.1 学校心理测评与档案系统建立的架构

5. 学校心理测试网络平台的搭建

在图4.1中可以看出,大数据背景下学生心理档案的建立不是一个孤立的过程,必须和心理测试的方式、数据采集的方式、数据库的管理与应用系统密切结合,形成一个数据采集与应用的"流通体系",这样才能保证心理测试、数据管理、档案建立与数据分析应用是一个完整的架构,是一个有机体,才能让测试的数据和心理档案信息"活"起来,为学生的心理健康教育与发展科学、有效地服务。

二、学校心理测评系统

1. 系统类型

(1) 单机版:指在学校心理咨询室或心理测试室的单独的计算机上安装专业的心理测试软件,为个别学生来咨询时提供个性化的心理测试,并提供不同量表的测评报告,供学校心理辅导老师和来访者参照使用。其特点是每次只能测一个学生,测评报告可以马上生成。

图4.2 学校心理测试与档案管理单机版示意图

(2) 主机控制版:可以在学校的计算机房,通过主机控制若干台(理论上多少台都可以)学生子机,完成相应的测试。每个维度或量表测试结束后可以为参加测试的每个学生生成测评报告,同时对参加测评的样本出以性别、年级、班级和专业类型的测评团体报告。

(3) 局域网版:可以通过与所在学校的网络的服务器连接,将测评的学生端口以网络形式登录,可以在线同时测试不同的学生。团体和个别测评报告都可以在线生成。

(4) 网络版:在指定的开放的网站或者学校可以开放的网站,学生只要连上互联网,登录相应的网站,在任何时间、任何电脑或者以任何方式(登录方式、登录手段等不作限制)都可以完成测试。测试结束后可以在线生成或者下载(只要有权限)个人与团体测评报告(限网络管理与授权者)。

以上不同类型的测评系统,学校可以根据自己的需求进行设计或与专业服务进行合作研发。

2. 系统模块

进行学校心理测评时,可以根据学生发展的特点,根据所在学校的特色与学生需求,选择不同的测评指标和量表。目前在许多专业的心理测试系统中,无论是单机版还是大数据云端版,都可以配备不同的心理测试量表,不但有学生测评的量表,也可以有教师和家长的量表。

学校心理测评系统要按照教育部的有关要求,根据学生的年龄、心理特征、社会状况,以及中小学管理特点进行研发与设计。可以从学生的性格特点、学习方法、学习习惯、家庭环境、人际关系、社会适应性、职业规划、情绪倦怠、心理健康状况等指标进行综合测评,被试可以是学生本人,也可以是家长、老师。除了测查影响和导致学生心理健康问题的原因,并为后续心理辅导提供依据外,更重要的是让学生了解自我,让教师、家长发现和掌握学生的性格优势及强项,从而更好地扬长避短、因材施教,开发学生潜能,使学生得到全面发展。

一般情况下,学校心理测评与档案管理系统可以分为以下模块:

(1) 测评模块:用于进行心理健康普查及其他心理相关的日常测试;无论是普查还是日常测试,系统能根据学生的测试结果给出相应的指导意见。

(2) 心理档案管理模块:测试完毕后系统将对每个学生的心理档案进行统一的分类归档,便于随时调阅对比,统计分析。

(3) 危机预警模块:对测试出现心理危机的学生,系统自动将该学生纳入危机预警系统,提醒老师重点关注该生的心理问题,及时给予心理干预,并可以让其家长也参与进来共同关注。

若以高中生为例,测试系统可以选取"高中生的生涯发展与价值取向、学习适应、人格特征"等工具,来了解当前高中生的生涯规划的意识等,为高中生的健康成长和学校开展有针对性的心理服务提供参照和依据。

(1) 测试对象:学校在校学生。

(2) 测试数量:根据学校实际情况机动确定,比例为5%~30%。

(3) 测试方式:互联网或局域网测试。

(4) 测试结果:团体和个别报告在线生成。

(5) 测试途径:学校组织协调,通过电脑、手机登录均可完成测试。

(6) 测试时间:学生可以在学校指定的时间(如1个月内)随时随地完成测试。一般每位学生完成整个测试平均时间不超过30分钟。

(7) 测试内容:

A. 生涯发展与价值取向

旨在测评学生的生涯规划的意识、生涯情感、生涯认同度,以及生涯信念等。生涯规划的意识指的是学生对未来发展的理解程度和重视程度;生涯情感指的是学生对所学专业的热爱程度,以及对未来职业的奉献程度;生涯认同度是指学生对其所学专业与自我发展的认可程度和接受程度;生涯信念指的是学生对其所学专业和自我成长的坚持程度与目标感的清晰程度。

B. 学习适应性

测试学生个体主动调整自身以与学习环境要求相符合,包含学生、学习环境与应变三个部分。学习适应性则是指学生在学习过程中调整自身、适应学习环境的能力倾向。

测试以关注和提升学生的学习心理状态为宗旨,通过对学生的学习适应性的测评,更加科学地了解和分析学生在学习中存在的优势和劣势,从而帮助学生制订符合自身发展的学习计划,形成有效的学习方法,养成良好的学习态度,以提升学生的学习成就感乃至学业水平。

C. 人际适应

测试以关注和提升学生的人际适应能力为宗旨,通过对学生的人际适应的测评,了解和发现学生的人际适应特征和人际关系现状,从而及时发现和预防学生可能由于人际关系等方面的原因而出现的各种心理冲突,帮助学生通过各种训练和服务来改善自己的人际适应水平,保持良好的人际适应状况,从而帮助学生与父母、同学、老师以及其他人建立起良好的关系。

3. 系统功能

（1）心理测评

通过对学生的心理健康水平、生涯与学涯规划意识、学习与社会适应状况进行适时的测试，将测试的结果与学生的自主发展，学生心理档案建设、心理咨询、心理辅导相结合，用评价促进学生自我了解与发展。

（2）教师培训

在学校心理健康教育中，专职和兼职教师队伍的建设是最关键的。测评系统和学校心理辅导室的运作紧密结合，学校除了提供硬件设施的支持外，还要对使用这些硬件和软件的老师进行培训，提升他们的专业化水平。

（3）团体报告

定期组织相应的学生参加有针对性的心理测试，除了为学生在线生成测评报告外，还可以同时在线生成团体报告（可以从学校、年级、性别等角度看学生的心理发展状况），供学校开展心理健康教育时使用。

（4）指数发布

测评系统不是一次性的，可以通过定时与不定时的对样本学生的相关心理测试，形成学生心理发展的动态指数，如"学业适应指数""生涯规划指数""心理健康指数"等，供学校心理教师和管理人员参照使用，并开展有针对性的心理辅导。

4. 学校心理测评与档案管理系统的服务延伸

以学生发展为根本，从学生成长规律特点和心理发展需要角度出发，关注学生所思、所想、所喜、所爱，多方面启发和调动学生积极性，引导和培养学生自主、自助维护自身心理健康的意识和能力，是当前学校心理健康教育的出发点。

学校心理辅导室的功能区域一般分个别辅导室、团体活动室、心理测评与档案室、游戏与宣泄室等。这些区域设计与功能布局可以根据学校的不同需求进行个性化的设置。结合学校心理辅导室的运作以及学生心理档案的建立，学校心理测评可以延伸出以下功能：

（1）发展辅助干预：心理辅导室以发展和教育功能为立足点，注重培养学生积极的心理品质，挖掘心理潜能，促进身心全面健康发展，同时预防和解决发展过程中的心理问题，在应急和突发事件中进行及时且必要的干预。

（2）科学结合实效：根据学生身心发展特点及心理健康教育规律，科学规划各区域，兼具心理测评、心理训练、心理教育、心理咨询、心理游戏、心理放松、心理成长等多重功能，配备专业心理学工具，形成一个完整系统，让学生在实践体验中切实有效提高心理素质和心理健康水平。

（3）全体关注差异：在区域规划及功能设置上面向全体学生，可开展针对团体/个体的活动，同时也考虑和关注个体差异，可以根据不同学生的特点和需要开展针对性的心理健康教育和辅导。

（4）学校延伸生活：以学生为心理健康教育和发展的主体，同时充分发挥教师和家长在学生身心成长过程中的重要作用，为学生与教师、家长共同开展活动提供场地和条件，让学生心理发展的影响不仅仅局限在学校里，更能延伸和辐射到日常生活中。

第二节 学校心理档案管理系统的建立

一、学校心理档案的概念

1. 什么是学校心理档案

狭义上的学校心理档案就是指学生心理档案,即把学生在学校心理健康教育、心理咨询与辅导,以及参加所有心理测试过程中的信息进行登记、录入和分类管理,为心理健康教育提供数据、信息积累的形式。广义的学校心理档案就是指把学校中所发生的心理健康教育的事件、信息和资料进行整理、分类和归档的过程。

2. 学校心理档案的类型

(1) 按对象分

可以分为学生心理档案与教师心理档案。家长的心理档案可以作为学生的背景信息归入学生心理档案中。教师心理档案是学校心理档案的有机组成部分,因为学生的心理健康与教师的心理健康息息相关。广义的学校心理辅导应该包括对教师的心理辅导。

(2) 按形式分

可以分为文本档案与电子档案。传统意义上的学生心理档案是"一人一档"的纸质文本档案,只有档案管理的"视觉效果",抽取、读阅与摆放等比较方便,但文本档案最大的缺点是每个学生档案之间信息无法贯通和连接,无法进行有效的统计分析。所以现在随着信息技术与网络平台的发展,学生的心理档案开始电子化与信息化,即把学生的心理档案按照计算机程序进行管理,信息的查阅、连接、统计、分析等会更加便捷。学生心理档案的电子化、信息化与网络化,是当前心理健康教育的必然趋势。

(3) 按内容分

学校心理档案按照内容可以分为:日常的心理教育信息档案(如心理辅导活动课程、制度、视频与音频资料、大事记等)、个别或团体心理咨询(辅导)信息档案以及学生的心理测评档案等。主要是把学校心理健康教育中的主要信息、资料和过程性材料进行归类、管理,便于查阅、检查、研究与分析。

3. 学校心理档案的特点

(1) 真实性

真实性是任何档案的必然要求,学校心理档案也不例外。无论是学习心理辅导过程的课程与视频资料,还是学生心理咨询的记录材料,以及心理测试的结果等,都要做客观、原始与真实的记录,以保障后续档案利用的可靠性。

(2) 代表性

学校心理辅导工作事无巨细,专职心理教师的工作任务比较多。学校心理档案不是记流水账,而是把最能反映学校和学生发展的课程、咨询、测试、活动、交流、研究、会议等信息资料进行整理,选择典型性的资料加以记录。在档案记录的过程中有"必须记录"(如学生心理咨询、学生心理测试、研讨及出访活动等)"选择记录"(如课程的活动方案)的区别,做到详略有致,重点突出。

(3) 过程性

在学校心理健康教育工作的日常检查中,学校心理档案是必查项之一。由于一些老师的档案意识不强,他们会忽视日常心理档案的过程收集与管理,在检查档案时容易临时抱佛脚,通过"借鉴""补救""回想""张冠李戴"等方式来填补资料,这样就失去了档案管理的真实性和意义。所以在日常心理健康教育中,学校心理教师要加强对心理辅导活动资料、学生心理咨询、学生心理测评以及调查研究资料的随时整理与收集,使得整个心理档案的内容和信息饱满、真实与可靠。

二、建立学校心理档案的目的

1. 了解和记录学生的心理发展状况

为了因材施教,因地制宜,有针对性地开展心理健康教育,就要了解学生的心理发展状况。开展学生心理测试与调查,就要了解学生这方面的信息和成长情况。对于测试与调查数据、信息的收集,就要通过学生心理档案与数据管理系统来完成。只有建立了相对客观、有效的数据收集和档案管理,才能为后续的学生心理健康教育提供有效的服务。

2. 促进学校心理健康教育的有效性

以建立学生的心理健康档案的方式收集和整理好学生的基本信息之后,可以通过数据管理系统后台的数据分析系统,将横向(如心理健康、身体发展、学业表现、行为方式等)与纵向(不同年段)数据有效链接起来,除了对学生的基本心理发展状况作统计分析外,还可以对学生心理发展的影响因素、应采取的举措作详细的分析,使学校心理健康教育更加有针对性和更加有效。

3. 了解影响学生心理发展的主要因素,提供对策与建议

在学生心理档案管理系统中,不但有学生心理测试的基本信息,还会有学生发展的学籍信息与相关背景信息,这些数据与信息相互影响、相互关联。通过多层统计分析、回归分析、相关分析等方式,可以离析出影响学生发展的最基本因素。影响学生心理健康的因素除了其心理弹性等内部因素外,还有重要的环境变量就是学校风气,尤其是班级氛围,而班级氛围中最重要的就是师生关系与同伴关系,可见要开展有效的心理健康教育,就要开展班级心理辅导,尤其是要建立和谐的师生关系与同伴关系。

4. 预防和预测学生心理危机

在一些敏感的发展阶段(如考试、中考、高考前后)和特殊人群(新生、毕业生、青春期的学生)中,很容易出现一些心理危机(如自杀倾向、抑郁情绪、考试焦虑、离家出走、网络成瘾等),一般通过观察和凭教师的经验很难把这些特殊、敏感的学生甄别出来加以辅导,而通过心理测试和档案的记录,一方面可以发现有疑似心理问题的学生,另一方面可以对他们进行个别心理辅导与危机干预,使这部分学生顺利度过危机,必要时可以提供转介,进行医教结合,防患于未然。

三、学校心理档案的建立原则

1. 认真参照国家有关心理健康教育政策与制度

坚持教育服务学生的思想,根据国家和本地区学生发展的相关文件精神,落实《国家中长期教育发展与改革规划纲要(2010~2020年)》、教育部《中小学心理健康教育指导纲要(2012年修订)》的有关要求,建立学生心理健康档案,确保档案数据的安全、保密、真实和有效。

2. 坚持以学生发展为本

坚持以学生发展为本,促进学生的全面、健康与快乐发展,了解学生心理发展状况与心理需求,关注影响学生心理健康的社会、家庭与学校因素。以大德育观为背景,记录和了解学生心理发展现状、个性特长、人际交往、学业倦怠、职业生涯规划等。

3. 坚持以专业服务学生与教育

学生的心理健康教育及发展是一项复杂的系统工程,依托学生心理健康档案建立这项工作,需要兼顾科学性与实效性,在面向全体学生的同时也要关注个体差异,心理教育工作不仅仅涉及对学生心理压力的疏导和心理问题的解决,更重要的是,要提高全体学生的心理素质,培养学生乐观、向上的心理品质,发掘潜能,完善人格,促进学生全面的身心健康发展。学校心理档案的建立,要以学生发展为本,整合多方学生心理健康教育资源,设计完善而又灵活的学生心理评价系统以及学生心理发展中心解决方案,为学校提供全面的学生心理健康教育及发展服务的支持。

4. 做好档案的保密与数据、信息的安全

学生心理健康档案中,除了学生日常的个人背景信息外,还有其咨询、参与心理测试等结果信息。不管是何种档案,其建立的可信度、真实性是必须要得到保障的。这就需要做好心理档案的保密工作,保障档案数据与信息的安全,避免信息泄露或随意传播给无关人员,给学生或学校带来不必要的麻烦或损害。由此,心理咨询的伦理与规范在心理档案的建立中依然是通用的。

四、学校心理档案管理系统的主要功能

1. 心理在线测试服务

在线测试系统可以安装到服务器上,支持数万人同时在线测试(只要有网络就能测试),系统还支持学校局域网和单机测试,满足学校各种不同环境的需求。学生按照学号或者事先设置的用户名和密码登录到系统进行测试,管理人员就能及时得到测试报告。心理测评包括心理健康、个性特征、智力能力、心理素质、学习心理等几大方面,可系统地反映出学生的心理健康状况和心理素质水平,测评报告不仅有测试结果,还有指导意见,并可以根据学生具体情况提出科学的学习方法和学习习惯指导策略,为学校进行心理健康辅导和因材施教提供可靠的依据。

2. 档案管理与信息查询

建立学生心理档案的目的是通过档案及时发现并解决学生心理问题,其关键点是可以

连续记录学生心理健康状况,从入学到毕业,所有的信息一目了然,真正实现了"记录学生成长每一步"。对于庞大的学生信息数据,快捷、方便的查询功能是必需的。教师只要在档案管理系统中输入学号,或者姓名,或者班级,就能按范围找到想要的信息。

3. 调查研究与纵向比较

系统既可对整个学校进行统计、分析,也可以对某一年级、班级或某一特殊群体(如留守儿童、寄宿学生、单亲家庭学生、困难家庭学生等)、某一年龄段、某一性别等作团体和个别分析;还可以对某个人前后施测的差异性、显著性、共同性等进行分析,统计结果使用文字和图形描述分析,直观生动。

另外,学生心理档案系统不仅可横向比对,即对某个特定的群体进行某项指标的分析,还可以对学生所有的测试结果进行纵向对比,密切关注每个学生的心理健康变化,而且对测试者的纵向比对更为重要,通过某个学生前后测试的对比,第一、可以清晰地表明该学生心理变化情况,便于有效地指导、干预学生,第二、可以评估出老师的指导和干预效果,以便更有效地进行辅导。

4. 促进家校联动

心理健康教育建立了家庭和学校的联动机制,学生家长无论在何时何地,只要能上网,就能清楚地知道其孩子的心理发展状况,以及学业成就、老师评价、自我鉴定等信息(设有基本权限和保密措施),有利于与学校形成合力,共同有效开展学校心理健康教育工作。

五、学校心理档案管理系统的基本架构

1. 学生心理健康测评与危机预警系统

用于了解学生心理发展状况,进行相关心理测试,并针对测试结果对学生的心理发展提出建议,供学生参考。同时对某个团体的心理测评报告形成简易的统计报表,了解该团体学生的心理发展状况与特点。对测试中发现疑似"心理危机"的学生,系统自动将该学生纳入危机预警系统,提醒老师重点关注该学生的心理发展问题,并可以让学生家长也参与进来,共同关注。

2. 学校心理档案管理系统

将每个学生的信息作为心理档案管理的基本单位,以班级、年级或学校为团体进行归类管理,用时间序列(如同一个学生在不同时间段的某个心理发展指标)进行分层档案管理。在学生人数比较多的情况下,测试完毕后对每个学生的心理档案人性化管理尤为重要,因此心理档案的建立与管理可以分为个体与团体两个方面。

3. 学生学籍档案管理系统

对于学生的心理健康教育,要综合考虑影响学生情绪变化的因素,如考试成绩、自我鉴定情况、老师的评语、家庭因素等。同时要考虑到与学生其他学籍管理信息的对接,如个人基本信息、身体健康状况、社会经济背景等,这样既解决了学生学籍电子信息化,极大地方便了学校管理,同时也可以将所有学生的学籍信息通过一个基本的 ID 地址(如学籍号或身份证号)对接起来,进行有价值的数据管理与分析。

六、学校心理档案管理系统的建立流程

(一) 心理档案数据采集

1. 登录与识别系统

每所学校、每个学生都有独立和唯一的编号、编码和登录密码(用于使用仪器和进行心理测试),通过后台可以编码识别具体的学校和学生。学生无论是使用仪器还是参加测试都需要用编码登录和登记。

2. 网络管理系统

由主机(主控系统)统一管理,可以通过网络(蓝牙、学校局域网等)将学校参加测试的学生心理测试软件、心理仪器(放松椅、棒框仪等)、沙盘等使用情况进行登记。

(二) 心理档案数据管理

学校配有可以联网的主机(系统管理软件),对任何仪器使用和心理测试的情况进行管理和记录,对每个学生、每次使用的信息记录到个人的账户里。

1. 个人账户记录与管理的内容

(1) 个人基本信息:姓名、性别、年龄、编号(学号)、年级、学校类型、区域等(首次输入后,以后不用再重复输入)。其他个人基本信息,如家庭结构、家庭经济状况、父母学历、上学距离(时间)、学习成绩、身体健康状况、个人发展规划等。

(2) 心理仪器使用情况(仪器名称、使用时间:时长与日期)。

(3) 心理测试结果,通过测试量表的说明收集原始选项、发展指标(原始选项、测试结果)。

(4) 沙盘使用情况(录像、图像、完成时间)。

(5) 个人咨询情况(根据保密情况灵活定夺)。

(6) 其他与心理健康有关的数据:如主课(语文、数学、英语)学习成绩、身体健康状况、体育锻炼时间等。

2. 学校和班级管理数据

(1) 每一个学生的信息可以归入到班级和学校的数据库中,并可以导出。

(2) 心理测试的团体报告可以通过测试软件导出。

(三) 心理档案建立的网络运行环境的要求

1. 运行测试前台(客户端)

提供账户或密码,或者注册登录即可。

(1) 在学校的局域网可以测试运行。

(2) 在指定的互联网(输入网址)端口就可以测试。

(3) 可以通过任何互联通信接口登录(如手机网络、移动网络、QQ、微信等)完成测试。

2. 后台控制要求(主控端)

(1) 网络运行环境的安全(运行流畅、客户资料保密和防止黑客入侵及网络中毒)。

（2）形成数据库，保留原始记录（选项与个人信息）。
（3）网络数据可以随时生成以上动态的心理健康指数及曲线（也可以随时给出个人报告）。

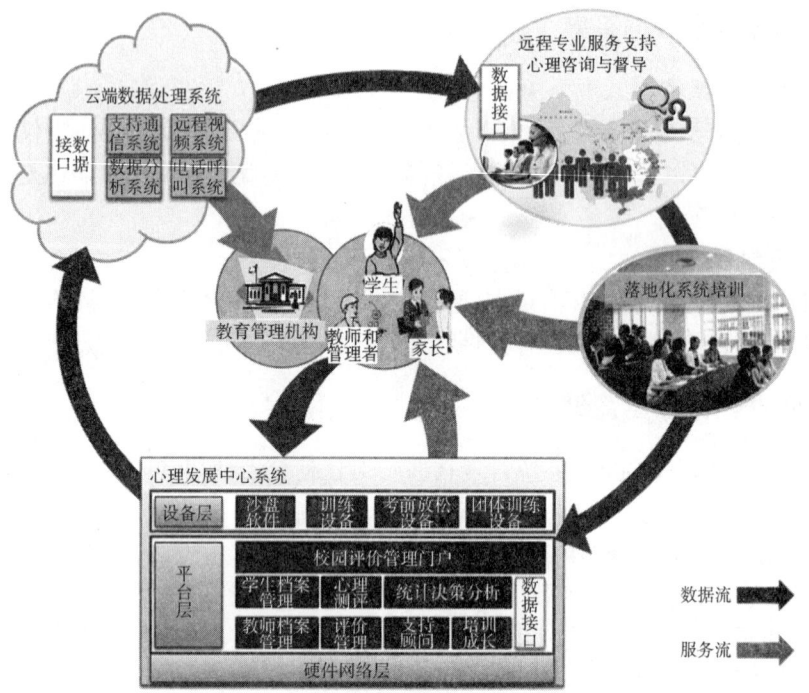

图 4.3　网络心理测评环境下心理档案（数据流）与咨询（服务流）的关系

（四）心理档案建立的基本内容[1]

如果学校要建立比较简单的学生心理档案，主要包括以下信息：

1. 一般信息

如学生的姓名、性别、出生日期、家庭类型、家庭住址、家庭经济状况、父母的学历和职业、班级、学习成绩等。

2. 心理测评信息

当前学生的心理测试主要分为个别与团体测试。一般学生的心理档案中所记录的基本都是团体心理测试的信息，如 16PF、EPQ 等。在对于个别学生的心理诊断中应用的测试信息是通过如瑞文、WICS、SAS（焦虑、抑郁）等测试而来的，但对于个别性测验尤其是诊断性测试的心理档案信息的记录一定要慎重和保密。

3. 心理咨询与诊断信息

当前学校的心理健康教育是基于以积极心理学视角的发展性心理辅导，面向全体学生的健康发展，但在学校里，由于压力、个性与环境等诸多因素的影响，一部分学生会在某些关键的发展阶段（如升学、入学、考试、青春期）表现出一些心理问题、心理障碍，甚至是心理疾病。作为学校心理辅导老师，一方面要对这部分学生的档案信息做客观、细致的记录，如诊断工具、发现的问题、采取的措施、辅导的策略、咨询的过程与成效等，也要保证这部分学生心理档案信息的安全。

4. 其他信息

学生的心理档案不只是学籍档案,进行必要的分析和研究时,可以将学生的学习态度、学习方法、人际交往、家庭教育方式、社会实践、志愿者服务等信息纳入心理档案中,使得心理档案的信息更加多元,为今后的数据与个案分析打好基础。

(五) 心理档案的建立流程

1. 确定对象

在建立学校心理档案之前,根据学校心理健康教育工作的特点、实际需要,确定是以某个班级、年级还是全体学生为对象建立心理档案。建议在学校开展心理健康教育之初,以起始年级或者开展心理辅导活动课的年级为单位建立心理档案,或者建立个别学生的心理辅导档案。

2. 确定采集档案信息方式与途径

学校心理档案的建立是一个系统工程,不是专业心理辅导老师一个人的工作任务。要根据心理档案建立的容量和形式,结合学校教导处与信息中心的力量,可以通过个别信息收集、集体填报个人信息、在线登录测试、集中心理测试等途径来收集心理档案的信息。信息收集过程要做好组织工作,避免虚假和漏报信息,保障档案信息的安全。

3. 组织信息采集与完善

学校可以通过分班级或年级、按时间有步骤、分阶段、分内容、分工负责的方式来采集信息,收集信息之前做好学生的动员与宣传工作,即收集档案信息的目的是让学生了解自我、健全个性,取长补短,促进自我成长。对收集好的档案信息,如果是网络平台收集的,可以进行筛查,对填写错误、漏填的信息进行纠错与处理,保证档案信息的完整性与真实性。

4. 数据与信息的归档与处理

对于收集好的数据与档案信息,不是让其束之高阁,而是要定期对档案信息进行归类与分析。一般可以按照年级、班级将档案信息归档,也可以按照学期、学年归档,还可以按人数多少(团体还是个别)归类。在这个档案系统设计之初,用个人的 ID 信息可以将其所有的档案信息归到相应的测试、辅导与填报系统中去。同时也可以把同样的心理测试或档案的内容按照不同的背景变量加以比较(如男女性别之间、各年级之间、不同学习水平之间等),具体见表4.1。

表 4.1 学生心理档案归类信息处理一览表(时间)

学生编号(ID)	基本信息		背景信息		学业信息		咨询信息		心理测试信息	
	姓名	……	家庭类型	……	学习成绩	……	咨询类型	……	测试1	……
0001										
0002										
0003										
……										

(续表)

学生编号(ID)	基本信息		背景信息		学业信息		咨询信息		心理测试信息	
	姓名	……	家庭类型	……	学习成绩	……	咨询类型	……	测试1	……
……										
000X										

5. 结果的使用与反馈

建立学生心理档案的目的是通过档案信息与数据的收集、整理,一方面对学生个体作测试结果的发展性反馈(个别报告,见图4.4)以及对班级或年级的心理健康状况作团体反馈(团体报告,见图4.5),另一方面就是要为学校心理健康教育的特色发展、采取有的放矢的措施提供数据支持与依据。因此要定时、定量地对收集的数据进行分析和反馈,既可以提高档案数据的使用效率,让数据"活"起来,又可以在数据收集使用与反馈中,发现档案信息的不足,后续进行补充与完善。

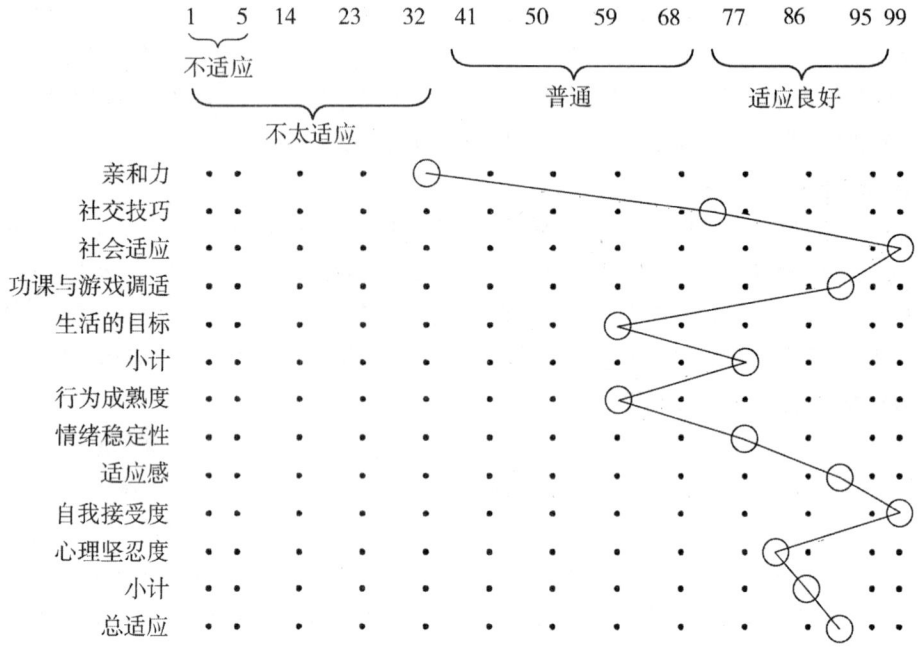

图4.4 小学生心理测试报告——生活适应量表测试结果剖面图(个人)

《中学生心理健康量表》团体测试统计报告(模拟)

测验概况

总人数:153　　无报告人数:0　　有效数据:143　　无效数据:10

注:"总人数"为所有参加本次测验的人数;

"无报告人数"指参加测试但没有完成,无法出具报告的人数;

"有效数据"指效度指标百分等级低于85的人数;

"无效数据"指效度指标百分等级高于85的人数,被试作答时未反映真实情况。以下在有效数据范围下进行统计。

团体测验结果人数分布表

对象	总人数	正常范围	轻度困扰	中度困扰	重度困扰
全体	143	114	18	7	4
男生	75	61	9	3	2
女生	68	53	9	4	2

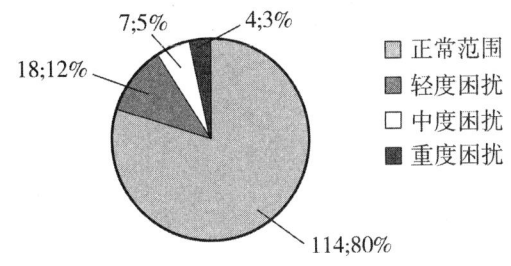

全体学生测试情况分布图

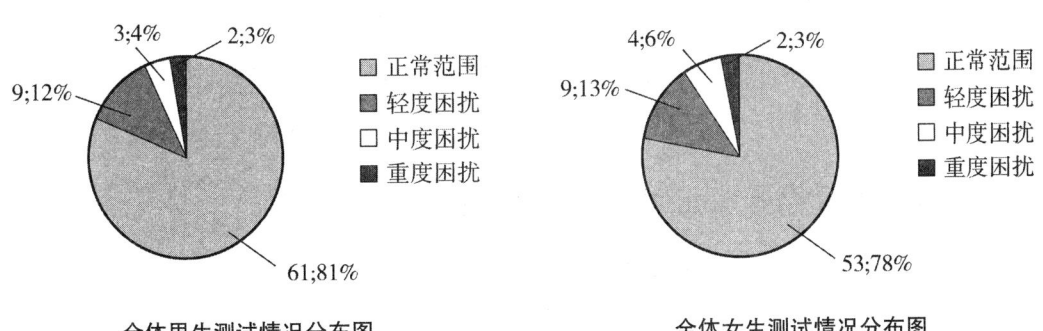

全体男生测试情况分布图　　　　全体女生测试情况分布图

图4.5 中学生心理健康团体报告示意图

(六)建设心理档案的建议

学校心理档案的建立是一个长期积累的过程,不是简单的信息堆积。在学生心理档案的建立过程中,要充分应用当前的心理咨询、心理测评以及计算机网络技术,使档案的信息收集更加便捷、安全、真实与可靠。

1. 将心理档案建立与心理服务相结合

学校为学生提供的心理健康教育、心理辅导、心理咨询,以及心理档案的建立都是以学生发展为本的,档案建立的本质不是为了信息的积累和数据分析本身,而是如何用心理档案的建立平台更好地为学生提供心理服务。

2. 对心理档案系统要熟悉

专业的心理健康教育工作者应该是学校心理档案系统的架构或审核者,不能盲目地借助软件和外部技术,要防止档案信息以及心理测评数据的流失与误测。由此在建立和架构个性化的学校心理档案管理系统之前,学校心理辅导老师应该和学校网络信息中心、教务处或德育处等充分沟通,切忌将心理档案系统盲目寻求外包服务。

3. 对学生的需求和发展特点事先要了解清楚

学校心理档案系统的建立不是追求大而全,而是首先要确保档案信息的真实、有效。目前在市场上各种各样的心理测评与心理档案管理软件良莠不齐,有些甚至没有版权和常模参照的量表。所以在建立心理档案之前,一定要调查了解学生的发展需求,而不是只看量表和技术本身。对一些不成熟或者不熟悉的量表与软件,建议不作选择。

4. 档案建立与测评是有条件的:管理权限、时空与对象

学校心理教师和专业工作者除了对这个心理档案系统的架构要熟悉之外,还要对档案的管理权限作明确的规定,对使用数据和档案报告的人要有一定的约定与告知,确保数据和档案信息不遭泄密。另外,学生的信息是流动的(如每个小学生一般档案积累的时间为5年),而网络平台是固定的,所以档案信息的管理也应该随着学生的流动、变化而进行充实,避免信息之间的相互干扰(如3年级学生的心理健康数据在一个时期可能会有不同届别:如2011届3年级、2012届3年级以及2013届3年级学生的档案)。所以在心理档案的管理中,一定要包含时空的概念。

第三节 学校心理档案的拓展与应用

一、学校心理档案与心理测评之间的关系

1. 学校心理档案与学生心理测评是一种相互补充

学校心理档案建立之后,结合网络平台的管理,可以把很多档案信息与心理测试平台有效地衔接、贯通在一起,可以使整个数据、信息与资源"活"起来,真正实现测评、档案建立、数据应用为一体,具体见图4.6所示。

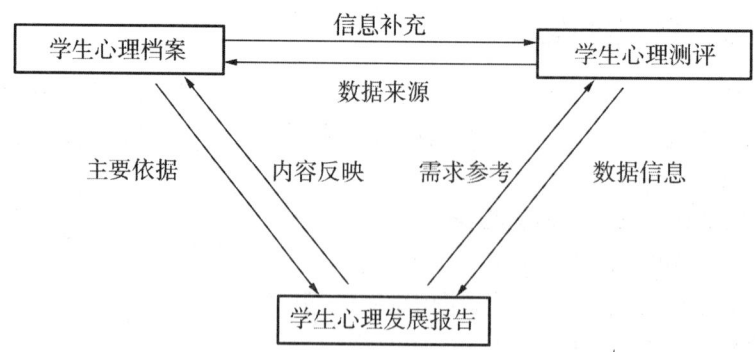

图4.6 学校心理档案、测评与发展报告之间的关系

2. 学校心理档案使测评的数据链激活

学生的心理档案是按照一定的时间和对象维度来建立的。在数据和信息收集之后,通过网络平台,可以把这些数据信息按照空间与时间维度连接起来,形成更加有意义的多元数据格式与报告:如不同学段学生的心理发展报告;同一群体在不同时间的心理发展状况;不同背景因素(家庭、学校、社区等)对学生心理发展影响的分析等。这些数据和报告可以在纵横维度作比较,具体见图4.7所示。

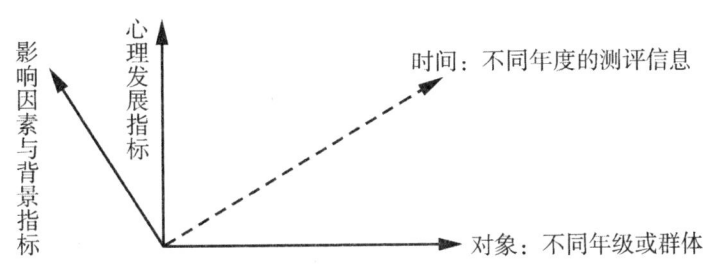

图4.7 学校心理档案的时间、指标(发展与背景)与对象四维的信息示意图

3. 心理档案为学生心理发展指数的形成奠定基础

学校心理档案应该是学生所有心理发展数据与信息的总和。在这些静态的档案信息中,如何让它们"活"起来,才是心理档案价值的体现。所以在心理档案建立之初,就要与学校的心理测试网络平台连接在一起,实现数据互通与共享,即"融汇贯通"。在有了基本的心理档案信息之后,根据教育的需要,可以通过数据网络形成教育者或心理学辅导教师所需要的心理发展指数(如学生的压力指数、心理健康指数、学习幸福指数等),简单明了地了解学生的心理特点与存在的问题,并制订有针对性的心理辅导措施。

4. 动态常模的形成与学生心理发展白皮书的发布

常模就是参照标准,即某个有代表性的样本群体在某种心理发展品质(如心理健康、情绪特征、智力水平、创造力、学习兴趣、职业规划能力等)上的平均值与离散程度(一般用标准差S表示)。在21世纪之前,尤其是心理测验刚刚开始时,由于计算机技术的应用滞后、测试成本等原因,一个测试量表的常模建立需要很多的时间与很高的经济成本。随着计算机网络技术的普及与大数据时代的到来,心理测试成本与常模建立的成本越来越低,效率则越来越高。原来3年才能收集完成的数据,现在可能只需要3个月甚至更少的时间。这样,使用者就不会因为时间和文化原因而去固守原来的常模,而是可以根据自己的需要建立个性化的动态常模,即随时根据样本群体的变化修订常模,这不但使得心理测试更加准确与精细化,也使得心理辅导的成效更加显著,在有了自己的常模数据之后,学校可以根据时间维度和不同的测试对象与内容,发布班级、年级、学校或区域的学生心理发展的白皮书(背景、发展指数、年度与年级比较、影响因素、发展对策等)。

二、大数据背景下学校心理测评与档案的变化

（一）大数据下心理档案的变化

1. 依据——数据由少到多

传统的心理档案数据和信息基本是纸质的，受测试成本和时间的限制，收集的数据信息比较少。当计算机网络技术，尤其是互联网技术的迅速发展，使得心理档案的建立程序化、便捷化，收集的数据与信息更为丰富与全面，甚至可以做到随时随地收集。

2. 理念——从现象到数据

传统的心理档案更多的是心理测试与咨询档案，即将学生心理测试的个别、团体报告以及个别心理辅导的记录资料作归档处理，描述性的多，分析性的少。在大数据背景下，学生心理档案收集的数据更加多元和丰富，数据之间可以合并与建立链接，让档案成为数据积累与团体报告分析的基础。

3. 方法——从无序到有序

传统的心理档案更多的是记录功能，并且按照一定的原则进行信息归类。大数据的心理档案除了记录与归类功能之外，还可以将看似无序的数据信息通过计算机程序，按照记录的时间、对象、内容等进行交互分析，使心理测试、数据分析与心理档案建立有效衔接在一起。

4. 操作——从描述到发现

传统的心理档案一般是对信息的记录和描述，在大数据心理档案中，不但有对数据信息的记录与描述，而且可以把个体的背景信息、发展指标与时间因素进行整合，既可以看出个人的心理发展轨迹，也可以分析样本群体的心理发展指数与特点，发现学生心理发展的主要影响因素，从而更好地为学生的心理健康教育服务。

（二）大数据背景下心理测评的特点

1. 数据由点到线、到面、到体的变化

如果一个学生的数据是一个点，那么团体学生的数据就是一条线，团体学生不同的发展指标就构成了一个面，不同的发展维度和时间连续体就会成为这个群体的动力心理特征，使学生心理档案更加全面、具体、有效地反应学生的心理发展本质。

2. 数据的时空被"压缩"

传统的纸质心理测试花费的时间、精力和代价比较大，收集档案信息和建立常模所花费的时间比较长，测试的对象和人数也比较有限。大数据让测试可以"随时随地"进行，而且测试的方式也更加多元（微信、App、网络程序等），使得1年1次的测试可以变成1月或1周1次都有可能，让测试时间更加紧凑，同时让测试对象和维度也不受限制，数据的空间信息也更加丰富。

3. 数据资源丰富与处理技术多元

心理测试数据的价值取决于数据的深度挖掘与分析。当前随着互联网技术、心理统计与计算机软件技术的发展，结合一些专业的统计软件，如 SPSS、AMOS、HLM、SAS、STATA 等

的普及与应用,以及"互联网+"的出现,丰富的数据资源通过多样的数据分析方法与平台,让数据的结果与结论更加深入与可靠,而且数据之间的"互联互通"也变得更加容易,数据的相关、多元、分层与建模分析,可以让心理测评超越数据,变成"网络图谱",为心理健康教育提供更加真实可靠的信息。

4. 数据的教育与社会价值呈现几何级数增加

数据类似仓库中的种子,当积少成多,汇聚成山,就会价值连城。大数据最宝贵的资源是真实的数据信息(而非泡沫数据和伪数据)。当前测试手段的多元化与数据采集的便捷性,使得心理健康教育中的数据资源在"云"平台上日益丰富起来,这些数据的整合使用,其教育价值和社会价值是不言而喻的。如小到一个心理调查报告的即时生成,大到研究一个城市某个学生群体的心理发展特点与趋势,都可以在大数据平台下完成。这既是挑战,也是机遇。因此对学生的心理测试与心理档案的建立,既要重视真实数据的收集,也要确保数据的安全,更要充分认识到数据的价值。

(三)大数据给心理档案与测评带来的变化

1. 动态分析报告

传统的学生心理调研报告都是通过纸质测试、数据录入、统计分析而形成的,不仅耗时长,而且反映的信息也有限。在大数据背景下,只要有心理档案数据资源、心理测试平台与量表,可以随时生成结构性的心理调研报告,可以随着研究的需求对数据的格式、维度以及调研的信息进行增加、补充和完善,并且对数据信息进行跟踪,生成真正意义上的动态分析报告。

2. 预测分析学生的心理压力与危机

数据信息是一种客观存在,数据的分析与深层次挖掘具有人的主观能动性。作为学校心理辅导老师,要结合所收集的档案信息和心理测试的数据,分析学生当前的心理健康水平与压力状况,解析影响学生心理健康的社会、经济、时间与个性因素,预测心理危机的可能性与高危人群,使学校的心理健康教育有的放矢,提高成效。

3. 缓解压力与危机,提高心理健康水平

通过心理档案以及网络平台的大数据,不但可以分析影响学生心理健康的主要因素,还可以预测心理危机发生的可能性,同时把学生、教师以及家长的心理健康水平进行比对,为学生营造良好的心理健康的学校与家庭氛围,提高团体动力水平,使得心理健康教育更加系统和深入,探索有效的教育方法和策略,促进学生的健康、全面发展,同时提高教师的心理健康素质,通过师生互动,形成和谐的校园氛围与师生关系。

4. 心理测评、辅导与心理档案服务结合

学校的心理辅导工作是一个系统工程,心理辅导活动课、心理健康调查、心理档案的建立之间是相互衔接的过程。大数据将这些工作有效联系在一起。心理测评为心理辅导教师和学校了解学生的发展提供参照,学生心理档案是心理测评数据的基础,也是形成调查报告的信息来源,而又给有针对性的心理咨询与课程设计提供可参照调研的数据和档案信息。通过数据和证据开展心理健康教育的大数据时代已经来临。

（四）学校心理测评与档案服务方式的转变

1. 从个体报告的解读到团体报告的形成

在传统的心理测验中，测试就是了解个体差异，给出基本的评估报告。而建立心理档案就是将学生的心理测试报告收集起来加以归类。在大数据背景下，个人报告是"即刻"形成的，可以"瞬时"储存与归类到心理档案系统之中。最重要的是每个人的数据种子都是团体报告的资源。只有通过心理测试平台的数据收集与分析，形成个性化或结构性的团体报告，供学校和教育决策部门思考，才是当前学生心理档案和测评的转变之矢。

2. 评价从常模到指数

一般的心理档案与学生测试需要常模作参照，而且常模是很"宝贵"的数据参照点，这不是轻易能得到的。在大数据平台上，测试的便捷性与数据处理的同步性，可以让常模的建立时间大大缩短，同时，可以用发展指数的方式，让学生、学校和教育部门直观地看到某个学生或团体的心理发展特点。

3. 数据从指数到心理发展白皮书

在以前的学校心理辅导工作中，仅仅靠传统的心理测试来积累数据和档案信息是十分有限的。在大数据平台下，数据收集日益丰富，但关键在于数据的分析与应用，可以把零散的数据有效运用起来，在团体报告的基础上，形成某个学校或学生群体的心理发展状况的白皮书，可以比较全面地反映学生的心理特点、影响因素、发展轨迹，并给出对策建议，进行时间序列的比较等。

4. 从依赖量表到依赖数据

以前建立学生档案和心理测试主要是依靠量表。而大数据平台，除了应用量表之外，还要整合学生的其他学籍档案信息、调查数据、行为日志等，从宏观与整体上反映学生的心理发展状况，重在数据的收集、挖掘、管理、分析与应用，让心理测试、数据管理、档案建立、报告分析等联系在一起。

三、学校心理档案信息发布系统

（一）团体心理档案的建立

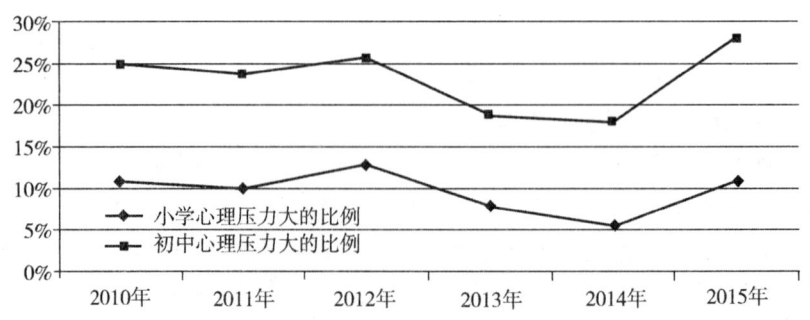

图4.8　在不同年度学生（初中、小学）心理压力大的比例（模拟图）

1. 基于时间序列的团体档案与报告

传统的心理测试与档案,尤其是纸质的档案,很难将不同年度学生的心理发展状况作纵向的比较,得出其发展轨迹。有了大数据心理测试与档案管理平台,这些功能都可以即刻实现,并作不同团体间的数据比较。这样的分析报告与团体档案就会更加动态,并更具发展性与可借鉴性,如图4.8所示。

2. 不同对象和年级的团体心理报告

在学校心理健康教育工作中,需要对不同年级或群体学生的心理健康或心理压力状况进行调查分析。在大数据平台上,除了在时间序列作分析,还可以以年级(或群体,如不同区域、不同家庭背景、不同学习方式的学生等)等为自变量作分析,了解年级的差异,确定心理健康教育的主要对象,做好危机预防的预案。如在图4.9的模拟中,发现高中学生中,女生的心理压力要比男生明显,高二、高三学生的心理压力明显重于高一。可见在高二、高三阶段开展心理减压教育是必要的。心理测试的团体报告成为学校开展有效心理健康教育的重要依据。

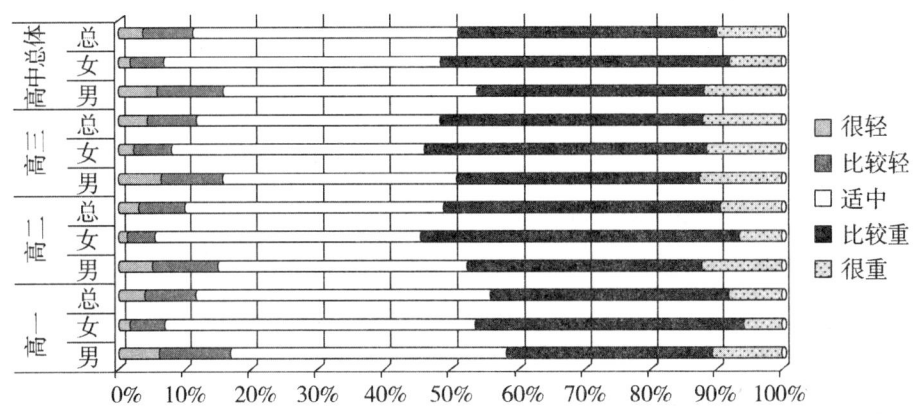

图 4.9 不同群体学生(高中各年级)心理压力状况(模拟图)

3. 不同对象与时间序列的比较报告

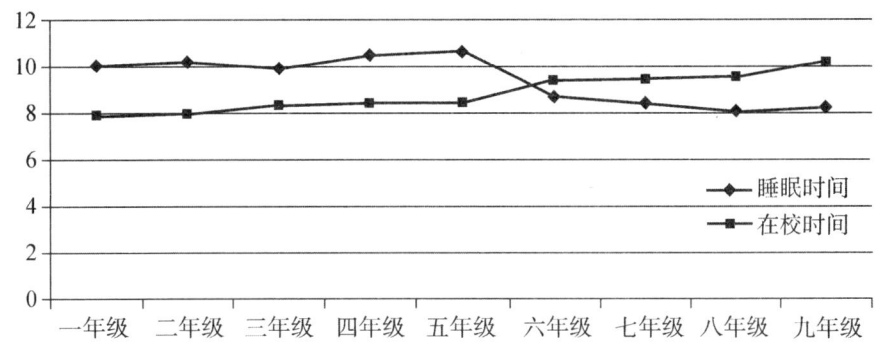

图 4.10 不同年级学生在校时间与睡眠时间的比较(模拟图)

以图4.10的模拟分析,在小学阶段(1~5年级),各年级学生之间的日睡眠时间没有显著差异,均在10小时左右,在校时间平均8小时。到了初中阶段,出现2个明显的变化:即睡眠时间降到平均8.5小时左右,其中8年级和9年级最低,为8小时;在校时间平均9小时,初三学生更是达到10小时。从时间维度看,到了初中阶段,一升(在校时间)和一降(睡眠时间),预示着初中学生的学业负担相比小学明显增加,即从时间变化可以来推算学生的学习负担情况。

(二)学生的心理发展指数

大数据背景下,目的是让心理档案的建立与心理测试变得更加简单和便捷,应用更加广泛和容易,而不是繁冗与复杂。通过系统的程序设计,让数据处理即时、快捷与清晰。基于这样的思考,通常可以将学生心理发展的档案与测评信息、数据以指数(1~10)的形式反映出来。如果是正向指标(如心理健康水平),指数由低到高代表着水平由差变强;如果是负向指标(如心理压力),指数由低到高代表着问题由弱变严重(见图4.11)。

1. 以学生幸福指数的换算方式为例(指数在1~10之间)

(1) 幸福指数的计算

学生某个维度的幸福指数=[(该维度10道题目总分-10)×9/40]+1(分数在1~10之间)。

说明:公式中的40代表题目数量。

主观幸福总指数=(4个主观幸福指数之和)/4(分数在1~10之间);

社会生活幸福指数=(5个社会生活维度指数之和)/5(分数在1~10之间);

(2) 将某个维度的幸福指数用柱状图表示出来(显示在1~10的某个位置,如图4.11);

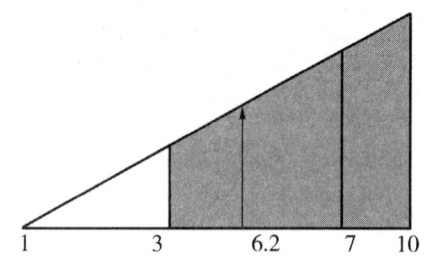

图4.11 学生幸福指数模拟示意图

负向指标:弱、适中、严重

正向指标:低、适中、强大

2. 以学生的情绪健康指数为例的指数换算

在有常模参照的情况下,可以参照表3.6进行转换,一般情况下人格测验的常模等级转换公式是$T=50+10Z$。在没有常模参照的情况下,为了得出直接的发展指数(1~10),也可以通过学生群体中原始数据总分由最低分到最高分之间进行换算。如表4.2就是以学生的情绪健康指数为例进行的简单换算(仅适合于本例,其他测试可以参照)。由表4.2可以看出,原始分数、常模分数以及等级分数(指数)只是同一个心理发展指标的不同表现形式,而指数的表达方式更加简单和形象。

表 4.2　学生情绪健康原始分数的简单换算

原始分数段	Z 分数	T 分数	等级分数（指数）
4~19	-4	0~10	1
20~30	-3	11~20	2
31~44	-2	21~30	3
45~64	-1	31~40	4
65~84	0	41~50	5
85~104	1	51~60	6
105~124	2	61~70	7
125~134	3	71~80	8
135~155	4	81~90	9
156~174	5	91~100	10

在进行了简单的指数换算之后,可以将学生在情绪发展各维度的指数以雷达图、折线图或柱状图的方式表达出来。如图 4.12 所示,无论是团体平均还是个体都能够通过雷达图的方式形象、具体地表达情绪指数。

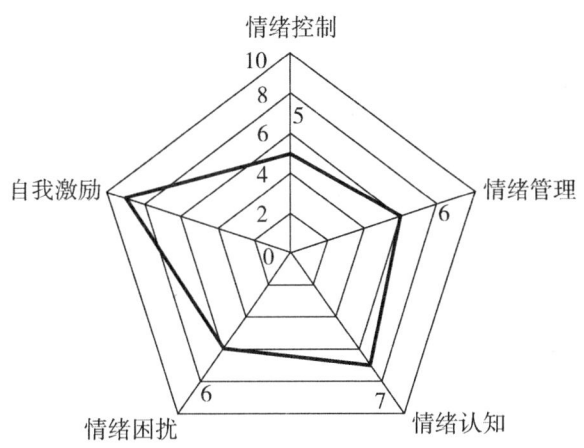

图 4.12　学生情绪健康指数模拟示意图(个人或团体平均)

3. 其他发展指数模拟举例

在学校心理辅导工作中,能够反映学生心理发展状况的指标一方面可以根据地区和学校的发展特点来确定,另一方面可以根据心理档案的数据进行分析合成,同时也可以根据学生心理测试的量表数据进行换算。学生心理发展指数除了幸福感指数外,常用的还有学习(心理)压力指数、心理健康指数、发展动力指数等。如以学生的压力感受度指数和心情愉悦度指数为例,也可以作如图 4.13 的模拟,即学生的压力指数与心情愉悦指数是负相关的,而且随着年级的提高,学生的心理压力增加,心情愉悦度降低,在五年级出现拐点,因而心理健康教育在五年级开始就应该有所加强。

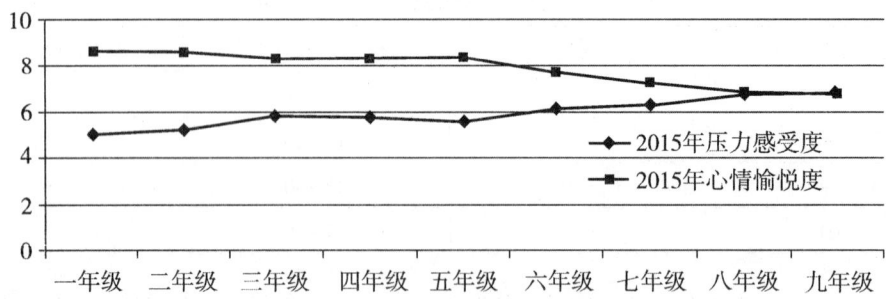

图4.13 各年级学生"压力感受度""心情愉悦度"比较(模拟图)

(三)学生心理发展白皮书——以学生心理健康指数为例

1. 发布的基本内容

(1) 背景指标:社会与人口统计学
(2) 测评指标:认知、情感、行为、自我、社会适应
(3) 影响因素的分析
(4) 发展预测与对策建议

2. 发布的条件(满足其中一条)

(1) 必需条件

A. 参加测试样本的总人数计算;

表4.3 不同年级在不同"季"的抽样测试人数

年级(总人数)	时间序列(按年算)				年度参加测试总人数
	第一季	第二季	第三季	第四季	
一(A)	A1	A2	A3	A4	A1+A2+A3+A4 (A≥A1+A2+A3+A4)
二(B)	B1	B2	B3	B4	B1+B2+B3+B4 (B≥B1+B2+B3+B4)
三(C)	C1	C2	C3	C4	C1+C2+C3+C4 (C≥C1+C2+C3+C4)
……					
N(X)	X1	X2	X3	X4	X1+X2+X3+X4 (X≥X1+X2+X3+X4)

备注:1. 这里的"季":可以看成是一个集中的时间单位(可能是一周,也可能是一月或一个季度等);
2. 参加测试样本的总人数不能少于30人(每个班级不少于5人)。

B. 最近2次之间的测试时间不能少于30天;

C. 最好测试2次以上再发布。

(2) 其他条件

A. 保证每次测试人数的相对稳定性和随机性；
B. 整个测试中的网络平台的一致性与稳定性。

(备注:每个学生只要测试1次即可)

3. 各动态生成的指标比较

不同年级之间、性别之间、不同家庭经济情况之间、不同班级之间、不同身体状况之间、不同家庭类型之间、不同学习水平之间等……

4. 心理危机预警的指数发布

学校心理健康教育要做到对学生心理危机早发现、早干预、早转介,关键在于如何发现学生的心理危机。如果通过学生的心理测评,确定了心理危机指数(1～10,6是临界点,即高于6,表明心理危机发生的概率增加,需要引起学校的重视),就可以有针对性地进行危机干预。从图4.14的模拟可以看出,如果以时间为参照,学生在1月、6月、9月、12月的心理危机指数明显增加,尤其是在6月份,而且连续4年都呈现了这种趋势,这正好印证了大型考试对学生心理健康的影响(期末考试、中考、高考等)。基于这样的数据发现,学校就要提前在危机发生之前的时间对学生进行心理危机的干预和教育。(注:根据表4.1的要求,每学年每个学生只需在12个月的任何一月做一次随机的心理危机测试,每次30人左右,即可得出学校或某个群体的难度心理危机变化指数,这样可以提高测试的可靠性与效率。)

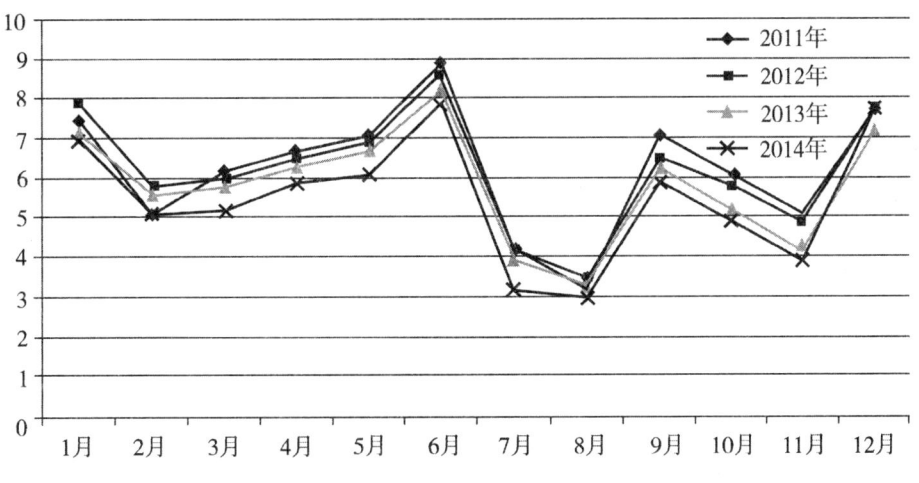

图4.14 不同年度每个月学生心理危机指数变化(模拟图)

5. 心理健康白皮书的发布维度

(1) 时间维度:月、季度、年
(2) 横向维度:年级、性别、学校、区域
(3) 内容维度:认知、情感、行为

结合大数据平台,利用已经有的心理档案信息,通过数据库的链接,通过对不同年度、不同年级、不同维度、不同指标的比较,就可以全面反映学生在心理健康发展方面的变化情况,使得学校心理健康教育方法更加专业和有针对性,成效更加显著。见图4.15和图4.16的模拟情况。

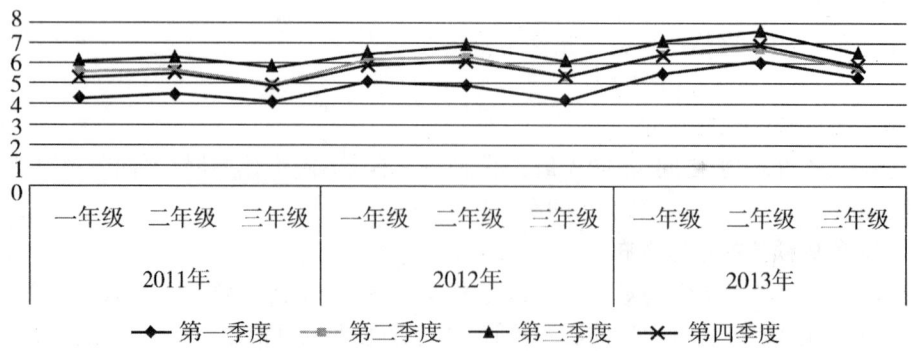

图4.15　不同年度各季度,不同年级(一、二、三)学生在心理健康上的发展变化(模拟图)

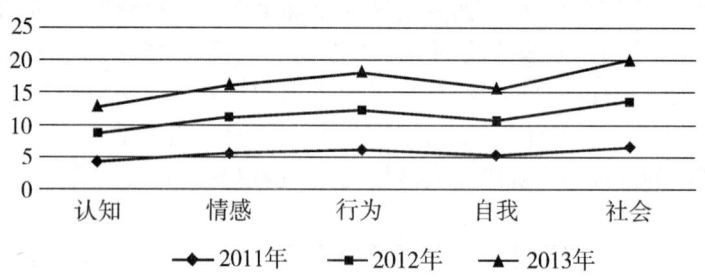

图4.16　不同年度,学生在心理健康各维度上的发展变化(模拟图)

总之,大数据时代,对学校心理健康教育工作带来新的机遇和挑战,尤其是对学生心理发展数据的收集和心理测试的开展更加便捷。学校心理健康教育工作者要善于使用网络和大数据的思维,动态、量化地去了解和分析学生,不断收集和整理相关的信息、资料和数据,使这些资源能横向联结,纵向打通,使学校心理辅导工作更加心中有"数",有的放矢,事半功倍。

参 考 文 献

[1] 吴增强.学校心理辅导与实用规划[M].北京:中国轻工业出版社,2012.

第五章

学校心理咨询伦理

第一节 学校心理咨询伦理概述

一、涵义

学校心理咨询伦理是学校心理咨询师在从事相关专业活动时必须遵守的工作准则。这里所说的学校心理咨询伦理，包括但不限于心理咨询师职业道德，因为学校心理咨询师从事的职业是教师职业，不是"心理咨询师"职业。作为教师，他们首先应该遵守教师职业道德规范，但由于心理咨询的特殊性，该专业在伦理要求上还是有别于其他学科教师的，这就需要有专门的学校心理咨询师专业伦理来加以规范。在这个意义上说，学校心理咨询伦理实际上是学校心理咨询师的专业伦理，而非心理咨询师的职业道德。

（一）职业与专业

一般认为，职业是个人在社会中所从事的作为主要生活来源的工作。有学者认为："职业一词的外延包括四个意思：一是有工作，即有事可干，有事可为；二是有收入，即获取工资或其他形式的经济报酬；三是有时间限度，一般规定为全天活动的四分之一或三分之一；四是要承担一定的职责，并得到社会承认。""所谓职业，是指人们为了谋生和发展而从事的相对稳定的、有收入的、专门类别的社会劳动。"[1]

1948年，美国全国教育协会对专业（Profession）和职业（Vocation）进行过区分。专业的八项标准是："含有基本的心智活动；拥有一套专门化的知识体系；需要长时间的专业训练；需要持续的在职成长；提供终身从事的职业生涯和永久的成员资格；建立自身的专业标准；置服务于个人利益之上；拥有强大的、严密的专业团体。"[2]有学者认为："专业的特点可以概括为：不可或缺的社会功能；完善的专业理论知识和较成熟的专业技能；高度的专业自主权和权威性的专业组织；坚定的职业信念和严格的职业伦理规范。"[2]

作为学校心理咨询师的职业与专业相比，有几个特点：

1. 学校心理咨询师的职业与专业有一致性，学校心理咨询师是一种专业性职业。叶澜认为："专业性职业至少有三个方面的规定：（1）作为专业的职业实践必须有专业理论知识作依据，有专门的技能作保证；（2）作为专业的职业，承担着重要的社会责任；（3）作为专业的职业，在本行业内具有专业性的自主权。"[3]由于学校心理咨询师的职业是教师，因此，他们必须首先取得教师资格证书，并遵守教师职业道德规范。在当下，教育作为一种专业，要得到其他行业的高度认可，还需要进一步提升教师的专业水平。

2. 作为学校心理咨询师的职业,指作为主要生活来源的工作;专业主要指所学的学科、归属的行业或业务部门。有学者认为:"成熟专业的六条标准:(1)是一个正式的全日制职业;(2)拥有专业组织和伦理法规;(3)拥有一个包含着深奥知识和技能的科学知识体系,以及传授、获得这些知识和技能的完善的教育和训练机制;(4)具有极大的社会效益和经济效益;(5)获得国家特许的市场保护;(6)具有高度自治的特点。"[4]这样看来,学校心理咨询基本属于成熟的专业。就学校心理咨询师来看,他们的职业是教师;所学的学科是心理、教育、医学、社会学或其他,归属的行业是教育,所在的业务部门属于德育。虽然学校心理咨询师所学的学科专业并不相同,作为学校教育中的一种特殊专业要求,学校心理咨询师是不同于学校中的其他工作岗位的,在这个意义上说,学校心理咨询师的伦理要求主要是专业伦理规范,不只是职业道德。

3. 作为学校心理咨询师的专业,与职业相比,有更高的资格要求,需要接受长期的专业训练。在学校,并非所有教师,甚至是心理学专业毕业的教师,都可以从事心理咨询工作。一是在政策规定上,教师必须获得相关资质才可以从事心理咨询工作;二是心理咨询是一门实践性很强的专业活动,需要学校心理咨询师不断进修与咨询实践,这与其他学科的教师要求并不完全一样。由于心理咨询涉及更多的隐私性,对学生的影响非常深远,如果处理不当,会给学生带来更大的心理伤害,因此在专业伦理要求上也就有其独特之处。

(二)道德与伦理

说到道德与伦理,就不得不提到黑格尔的观点。在黑格尔看来,"法是客观外界的法,是人格的定在,是意志的普遍性;道德是主观内心的法,是内心信念的规定,自我的特殊规定,是意志的特殊性;伦理则是客观法与主观法的统一;它调整主观和客观、内在和外在、普遍和特殊之间的关系,并在伦理的关系中实现人格的定在"。[5]蒂洛认为,"伦理"(Ethics)一词源于希腊词"Ethos","一些人在各种职业如法学、医学、商业等以外的个人道德问题上使用'道德'这个字眼,在'职业内的问题上使用伦理'这个字眼,从本质上讲,我觉得这两个词及其对立面'不道德'和'不合乎伦理'几乎可以互用。"[6]对于学校心理咨询师来说,由于主要调整的是职业内的关系,使用"伦理"一词更合理一些。当然,也有学者主张:"道德与伦理的区别:①作为日常用语,伦理更具客观、外在、社会性意味;道德更多地或更有可能用于个人,更含主观、内在、个体性意味;②作为价值,伦理的核心是正当(适当、合适、合宜等),道德的核心是善(或美德、德性、好等);③作为规范要求,伦理具有普遍性,道德具有独特性;④作为评价尺度,伦理的尺度是对与错,道德的尺度是善与恶。"[6]从这个意义上来说,由于伦理的普遍性,涉及到行为是否适当,应考虑到社会的反应以及对错问题,这就不得不思考应该制订一些伦理条文来规范从业者的行为,它的重要性等同于该行业已有的技术标准。

然而,伦理与道德毕竟有着千丝万缕的关系。由于道德是具体与个别的,伦理是抽象与共性的,在这个意义上,伦理是道德发展的新阶段。具有普遍意义的伦理守则是对个别道德现象的超越,由于道德的两难现象是普遍存在的,这就给伦理守则的制订带来了很大的困难。学校心理咨询专业伦理是基于实践的伦理,作为咨询师的教师在遵守专业伦理的同时,也要遵守教师的职业道德,当两者产生矛盾或冲突时,咨询师作出伦理决策的困难是可想而知的。

我们之所以采用专业伦理而不是职业道德,除了学校心理咨询师的职业是教师而不是心理咨询师外,还在于"专业伦理"与"职业道德"其实也并不是同一个概念。正如有学者认为的那样:"专业伦理,指的是社会中所有牵涉专业角色与专业行为的哲理思想、价值体系、原则与标准。"[7]因此,我们不是简单地从学校心理咨询师的职业道德要求来看待这个问题,而是要从学校心理咨询的哲理思想、价值体系、伦理原则与伦理标准四个方面来全面剖析。

1. 哲理思想

心理咨询有取向、风格甚至流派的差异,包括精神分析的、认知主义的、行为主义的、人本主义的,当然也有整合的等。其实,这些心理学流派背后都有不同的哲理思想。精神分析主张行为是由非理性力量、无意识动机以及本能驱力所决定的。认知主义主张问题本身并不是问题,如何看待问题才是问题,要理解一个具体的问题或困扰,就必须关注个体对不良事件反应的认知或想法。行为主义主张行为是机体用以适应环境刺激的各种身体反应,有什么刺激就会产生什么结果,人的行为需要也是可以控制的。人本主义主张研究对人类进步富有意义的问题,关心人的价值和尊严,认为每个人都有实现自我价值的潜能,正确的价值导向是可以促进人的自我价值实现的。由此可见,各种心理咨询取向对于人性、心理、咨询等的理解是不一样的,有的主张人性恶,有的主张人性善;有的主张决定论,有的赞同非决定论;有的追求当下问题的解决,有的主张心灵的成长;有的认为可以外部干预,有的认为要靠自我救赎与成长。这些纷争的背后,其实是哲理思想的分歧。新发展起来的心理咨询整合就是要将不同流派取向的理论或技术进行融合,以发展出最有利于来访者的心理咨询方法。当然,心理咨询整合也并不是心理咨询取向折中,折中只是在不考虑各种技术的理论背景前提下将许多有用的技术放在一起使用,而心理咨询整合却有一个基本理念("实用")将这些方法技术整合起来,说到底,它也是有哲理思想的,那就是"实用主义"。

2. 价值体系

在学校心理咨询中,如何处理价值问题始终是一个敏感而又棘手的问题,是"价值干预""价值中立"还是"价值参与"?当事人中心疗法的"价值中立"被许多理论工作者和实践者所推崇,但随着实践的深入,我们发现只保持"价值中立"是不切实际的,咨询师必须对来访者进行科学的价值干预。而学校心理咨询作为学校教育的一种活动,必然要考虑促使学生"向什么方向改变"的问题,也就是说使来访者(也就是学生)的价值取向符合社会主义核心价值观。当前,价值取向模糊、价值认同失衡以及价值观念错位等众多价值观问题也是造成学生心理问题的主要诱因之一。学校心理咨询的哲学基础之一是相信人是可以改变的,樊富珉认为,受辅者的改变首先是价值观念的转变;叶一舵认为,心理辅导的核心就是帮助来访者建立适当的价值系统,促其心理健康发展并不断求达"自我实现";江光荣也认为,即使当事人中心疗法,从治疗的作用机制来看,也是改变当事人原来的价值体系,以及评价自己的方式。如果咨询师可以影响来访者的价值观,如果咨询师的助人行为背后就有一定的价值观支撑,如果咨询师的人格魅力本身就暗含着他的价值观,这样说来,咨访关系、咨询过程、咨询结果无不需要建立起一套与个人咨询的哲理思想、助人行为等融为一体的价值体系,这个价值体系是学校心理咨询专业伦理的重要基础。有了这个价值体系,它既能够保证咨询师尊重来访者,让来访者充分进行价值澄清、自我抉择,也能使咨询师对自己的价值取向有自觉意识和警醒,并建立起一套积极的、与主流文化价值相适应的价值观。

3. 伦理原则

学校心理咨询师无论秉持怎样的哲理思想与价值体系,总会有一些需要遵守的伦理原则,因为这些原则来源于"核心概念伦理"(牛格正、王智弘,2008)。"核心概念伦理"即是来访者人的权益与咨询师的责任,"这是用以规范助人专业人员专业行为的基本原则,也是制订相关专业伦理守则的理论基础。"[8]在他们看来:"当事人有五大权益(Kitchener,1984),包括:自主权(Autonomy)、受益权(Beneficence)、免受伤害权(Nonmaleficence)、公平待遇权(Justice)、要求忠诚权(Fidelity)。这五大权益的概念也是用以作为伦理辨识的基本框架。""这当事人的五大权利也就是专业伦理考虑的五大基本原则,更是用以制订伦理守则与伦理思考过程的关键重点。当面临伦理问题在参照相关守则条文有所冲突或不得其解时,此等五大伦理原则就成为进阶的参照标准。"[8]当然,对咨询师而言,也有专业责任、伦理责任和法律责任三大责任(牛格正,1991)。伦理原则与行为标准是有所不同的,它是对学校心理咨询师的期望,是一种伦理理想。伦理原则也不能作为制裁学校心理咨询师的依据,因为它不是学校心理咨询师的义务,但是许多心理咨询伦理守则文本中都有关于伦理原则的论述,例如《美国心理学会(APA)心理学工作者伦理守则和行为规范》中提出心理学工作者都要遵守以下五大原则:善行原则和无伤害原则、诚信和责任、正直、公正、尊重人的权利和尊严。虽然《美国咨询学会(ACA)伦理守则和实务标准》没有单独论述伦理原则,但在伦理守则的各个部分都对相关要求作了说明,如在咨访关系中明确"咨询师最首要的责任就是尊重来访者的尊严,促进来访者的福祉"。我国的《中国心理学会临床与咨询心理学工作伦理守则(第一版)》也有明确描述,即善行、责任、诚信、公正和尊重。

4. 伦理标准

一般而言,各种伦理守则中都会有伦理标准的具体描述,例如《美国咨询学会(ACA)伦理守则和实务标准》就对咨询关系,保密、特权和隐私,专业责任,与其他专业人员的关系,评估、测量和解释,督导、培训和教学,研究和发表,解决伦理问题等八个方面的标准进行了界定。《中国心理学会临床与咨询心理学工作伦理守则(第一版)》也对专业关系,隐私权与保密性,职业责任,心理测量与评估,教学、培训和督导,研究和发表,伦理问题处理等七个方面提出了具体的伦理标准。伦理标准主要讨论咨询师应有的伦理行为和伦理责任,它是判断咨询师的行为是否合乎伦理的基调。2015年3月1日起施行的《上海市精神卫生条例》第二十六条也规定:"心理咨询机构及其从业人员应当按照法律、法规、规章和执业规范提供心理咨询服务,并遵守下列规定:(一)向接受咨询者告知心理咨询服务的性质以及相关的权利和义务;(二)未经接受咨询者同意,不得对咨询过程进行录音、录像,确实需要进行案例讨论或者采用案例进行教学、科研的,应当隐去可能据以辨认接受咨询者身份的有关信息;(三)发现接受咨询者有伤害自身或者危害他人安全倾向的,应当采取必要的安全措施,防止意外事件发生,并及时通知其近亲属;(四)发现接受咨询者可能患有精神障碍的,应当建议其到精神卫生医疗机构就诊。"

值得注意的是,哲理思想、价值体系、伦理原则与伦理标准是一个有机的整体,学校心理咨询师的任何行为都要综合权衡这四个方面,作出合理的伦理决策。当然,哲理思想、价值体系、伦理原则和伦理标准有时也会发生冲突,《美国咨询学会(ACA)伦理守则和实务标准》提出:"咨询师面临难以解决的伦理困境时,需要审慎思考才能作出决策。当价值观和伦理原则、伦理标准发生冲突时，不同的咨询师可能会作出不同的取舍，这种分歧是合情合理的，也是必然存在的。由于目前尚没有最有效的伦理决策模型可供参考，因此咨询师要熟悉一套较有公信力的决策模型。这套模型应经得起公众监督，适用性强。"[9]

（三）心理咨询、学校心理咨询与学校心理健康教育

心理咨询是由经过专业训练的心理咨询师运用心理学的理论与技术，对一般心理问题的求助者进行帮助的过程。心理咨询有别于心理治疗，心理治疗是对有心理障碍的患者进行帮助的过程，两者工作的对象和目标有很大的不同，所采用的方法技术也是不一样的。

学校心理咨询是由经过专业训练的学校心理咨询师运用心理学的理论与技术，对学生的一般心理问题进行帮助以及对学生的心理发展进行辅导的过程。一方面，学校心理咨询属于一种心理咨询，主要处理来访者的一般心理问题，但不对来访者进行心理治疗；另一方面，学校心理咨询与国家职业心理咨询师不同，学校心理咨询师还需要对学生进行发展性心理指导，如生涯辅导、人际关系指导等。学校心理咨询是由具有学校心理咨询师证书的教师来完成的，既包括心理辅导教师，也包括具有学校心理咨询资格的班主任或其他学科教师。

学校心理健康教育也是一项专业性很强的工作，是素质教育和德育的重要组成部分。教育部《中小学心理健康教育指导纲要（2012年修订）》明确指出："中小学心理健康教育，是提高中小学生心理素质、促进其身心健康和谐发展的教育，是进一步加强和改进中小学德育工作、全面推进素质教育的重要组成部分。""全体教师都应自觉地在各学科教学中遵循心理健康教育的规律，将适合学生特点的心理健康教育内容有机渗透到日常教育教学活动中。"因此，学校心理健康教育既必须大力加强专业教师队伍建设，也要重视全体教师心理辅导技能的提升。

心理咨询、学校心理咨询与学校心理健康教育是三个具有不同内涵的概念，从伦理的视角看，心理咨询师应该具有心理学工作者对人的独特情怀和善行、责任、正直、公正、尊重，恪守心理咨询师的伦理守则和标准。学校心理咨询师由于需要面对未成年人或学生这类独特的来访者，工作场所在学校这种特殊的环境，作为教师的职业身份以及身兼除心理咨询外多样的工作任务，这就决定学校心理咨询师需要有专门的专业伦理规范要求。学校心理健康教育工作者作为一个更具宽泛人员组成的群体，它的伦理规范与学校教育要求、教师职业道德是紧紧联系在一起的，他们在教学、德育、管理以及师生关系等方面也要谨慎处理隐私与保密问题，特别是要做到善行与无伤害，体现特有的人文关怀与专业的心理疏导。

二、意义

学校心理咨询伦理对从事心理咨询的教师而言，具有非常重要的意义。业务自主，以各专业对入职和解职标准的严格控制，以及专业人员高质量的服务为前提；道德自主，以各专业团体对其成员的道德约束，以及专业人员高度的道德自律和自我负责态度为前提。对每一个专业而言，业务与道德缺一不可。一种专业如果没有伦理规范，将会造成该专业的声望和自主性的严重丧失。长期以来，我国心理咨询行业重技术轻伦理的现象比较严重，学校也对教育伦理相对忽视。在当下，加强学校心理咨询伦理建设就显得尤为重要。

（一）学校心理咨询工作越来越受到人们的重视，上海等省市已经开始了学校心理咨询师专业技术水平认证，学校心理咨询师已正式进入了中小学。目前虽然有像《美国学校咨询师伦理标准》这样的文本可以借鉴，但我们明显发现这些专业伦理并没有完全体现我国学校心理咨询的特殊性，不适合我国学校心理咨询师的实际情况，如我国中小学学校心理咨询师除了需要开展心理咨询服务外，还需要开设心理辅导课。心理辅导课是不同于团体辅导的，它的伦理要求如价值问题处理、保密等就与团体辅导不一样。由于学校心理咨询的特殊性，如果没有心理咨询伦理的规范要求，可能会对学生产生严重的心理伤害。有学者认为，"不恰当、不胜任的心理咨询和治疗对当事人是有害的，它可能会让来访者的状况比没有进行咨询和治疗时更加糟糕"。[9]

（二）学校心理咨询伦理是提升心理咨询效果的前提与基础。心理咨询技术与心理咨询伦理有着密切的联系，相互影响，相互促进。由于学校心理咨询面对的是未成年人，来访者具有特殊性，伦理本身就是影响来访者的重要因素。如果咨询师不能恪守心理咨询伦理守则和标准，将会直接影响心理咨询的效果。

（三）学校心理咨询师的服务对象（主要是学生）、工作任务（包括开设心理辅导课）等都不同于国家职业心理咨询师。目前虽然有像《中国心理学会临床与咨询心理学工作伦理守则（第一版）》这样的文本和零散的学校心理咨询师专业伦理的学理探究，但并没有形成专门的学校心理咨询伦理文本，这将严重影响学校心理咨询工作的规范性。

（四）学校心理咨询师相对于其他学科教师而言，他们的工作性质、工作方式、工作内容都更为独立，与其他教师的工作交集较少，这就需要有针对该类教师群体的特殊伦理规范，以保证该项工作与"教书育人"要求的一致性。学校心理咨询师与其他学科教师服务的是同一群学生，然而，学校心理咨询师对这些学生的了解往往是不及其他学科教师的。学生之所以愿意来找心理咨询师诉说，其中很重要的一个原因就是他们的问题与隐私往往不愿让其他老师和同学了解，这就需要学校心理咨询师做到保密等方面的专业伦理要求，处理该类问题需要学校心理咨询师的实践智慧。学校心理咨询师也是教师，同样需要服从学校的行政管理与专业领导，学校领导有时基于管理的需求也要了解这些来访学生的问题与困扰，这就需要学校心理咨询师在心理咨询与学校教育之间权衡，以专业伦理要求来处理该类问题。

（五）学校心理咨询伦理是调控学校心理健康教育工作的重要规范。心理咨询理论来源于各种心理学流派，各学派对如何开展心理健康教育的观点并不一致，例如有的学派主张对来访者可以进行价值干预，有的学派主张应该在保持来访者的价值观的前提下开展心理咨询……类似的问题仅靠技术纷争是很难解决的，这就需要伦理规范进行补充，以保证该专业的自主性与行业的健康发展。另外，针对来访者的个别咨询，学校心理咨询师的处理风格与个体差异比较大，如何解决不同心理咨询师的差异也需要用心理咨询伦理来调和，因此学校心理咨询伦理是保证心理咨询专业内部稳定性的需要。

（六）学校心理咨询伦理为学校心理咨询师提供必要的自我保护。由于学校心理咨询师工作的特殊性，很多时候都是与来访者在单独的时间、地点进行交流，一旦咨访关系出现问题，就需要以专业伦理规范来调和。另外，不同单位的学校心理咨询师之间，学校心理咨询师与本单位其他同事之间，学校心理咨询师与他的督导之间等都需要有一定的规范才能保证该专业的健康运行。

在学校心理咨询的实践领域,专业伦理贯穿于咨询关系建立之初、咨询过程之中以及咨询结束之后。在咨询关系建立之初,学校心理咨询师的尊重、真诚、信任以及无条件关注等基本特质对来访者的心灵成长有着积极的正向作用。如果此阶段咨询师与来访者能形成好的咨询关系,来访者就能感到安全与放松,这是有助于问题解决的。在咨询过程之中,如果能让来访者知情同意,为他保密,从他的福祉着想,这不仅会有助于良好咨访关系的进一步发展,也才能保证心理咨询的独特价值与专业性。如果能鼓励来访者作决定,将有助于培养来访者的力量感,达成"助人自助"的根本目的。由于学校心理咨询师面对的是未成年的学生,即使咨询结束了,但师生关系甚至其他教育(如心理课程、心理社团等)可能并没有结束,因此学校心理咨询师对于伦理的处置并不能像职业心理咨询师一样,还需要考虑这些因素才能有利于学生的教育工作。

三、原则

伦理原则是对学校心理咨询师的期望,它是学校心理咨询师应该达到的专业伦理最高境界。伦理原则与伦理标准(守则)不同,伦理原则不是学校心理咨询师的义务,也不能成为制裁学校心理咨询师的依据。咨询伦理的争端只能依据伦理标准(守则)来解决,但制定伦理标准是需要充分理解和遵守伦理原则的。《中国心理学会临床与咨询心理学工作伦理守则(第一版)》在"总则"中对于一般伦理原则进行了界定,具体见专栏5-1。

> 善行:心理师工作目的是使寻求专业服务者从其提供的专业服务中获益。心理师应保障寻求专业服务者的权利,努力使其得到适当的服务并避免伤害。
> 责任:心理师在工作中应保持其专业服务的最高水准,对自己的行为承担责任。认清自己专业的、伦理及法律的责任,维护专业信誉。
> 诚信:心理师在临床实践活动、研究和教学工作中,应努力保持其行为的诚实性和真实性。
> 公正:心理师应公平、公正地对待自己的专业工作及其他人员。心理师应采取谨慎的态度防止自己潜在的偏见、能力局限、技术的限制等导致的不适当行为。
> 尊重:心理师应尊重每一个人,尊重个人的隐私权、保密性和自我决定的权利。
> 专栏5-1 摘自《中国心理学会临床与咨询心理学工作伦理守则(第一版)》

参照《中国心理学会临床与咨询心理学工作伦理守则(第一版)》以及《美国心理学会(APA)心理学工作者伦理守则和行为规范》等相关伦理文本,我们认为学校心理咨询师应该遵守的一般原则主要包括:

(一)善行。心理咨询应该为来访者带来福祉,这是助人工作的首要伦理准则。学校心理咨询不仅要给来访者带来好处,而且必须避免对作为学生的来访者造成心理伤害。学生是发展中的个体,很多心理困扰是暂时的,是发展阶段性的,对他们的帮助更要小心谨慎。教育不只是适应,它还是"向善"的事业,基于教育的这种特殊性,善行就显得更加重要。

> 　　心理学工作者应努力为其服务对象带来好处，避免造成伤害。心理学工作者不仅要维护与其有专业关系及受其影响的人的权利和福祉，同时也要维护动物研究对象的利益。当心理学工作者的各种责任存在冲突时，他们要以负责任的方式解决这些冲突，避免或尽可能让伤害最小化。由于心理学工作者科学和专业的判断与行为会对其他人的生活造成影响，因此他们必须小心谨慎，避免由于个人、经济、社会、组织或政治因素滥用自己的影响力。心理学工作者要注意自己的身心健康状况对其助人能力可能造成的影响。
>
> 专栏5-2　摘自《美国心理学会（APA）心理学工作者伦理守则和行为规范》[9]

（二）责任。学校心理咨询师必须意识到自己工作的特殊使命与责任，明确专业角色，为自己的行为承担相应的专业责任。在工作中，学校心理咨询师不仅需要考虑其伦理责任、法律责任等，还需要维护其行业的专业声誉。

> 　　心理学工作者要与其工作的对象建立信任关系，需认识到对社会及其所服务的特定领域的专业和科研责任。心理学工作者要提倡专业行为标准，明确专业角色，为自己的行为承担相应的责任，处理各种利益冲突，避免对他人的剥削和伤害。心理学工作者要与其他专业人员和机构进行顾问咨询、转介和合作。尽可能为他们的工作对象争取最大的利益。还要关注自己的同事是否科学，是否符合专业伦理。心理学工作者要准备好在没有或很少报酬的情况下贡献自己的时间。
>
> 专栏5-3　摘自《美国心理学会（APA）心理学工作者伦理守则和行为规范》[9]

（三）诚信。学校心理咨询是咨询师与来访者主要通过语言等媒介来进行的，咨询师的人格魅力本身就是影响该媒介传递质量的重要因素。诚信是对己最重要的道德要求，咨询师的人品如何，对来访者的影响很大，因此咨询师必须对来访者诚实守信，与来访者建立信任关系。

> 　　心理学工作者在从事心理学科研、教学和实践工作时要提倡认真、诚实和守信。在从事以上活动时，心理学工作者不得剽窃、欺骗、欺诈、推托、抑或是故意歪曲事实。心理学工作者要信守承诺，避免做出不明智或不清楚的承诺。如果出于保障最大利益、最小化伤害的目的而欺骗对方，心理学工作者必须慎重考虑使用这种方法的必要性、可能的后果，他们有责任及时纠正这样做带来的任何可能的不信任，或其他不好的影响。
>
> 专栏5-4　摘自《美国心理学会（APA）心理学工作者伦理守则和行为规范》[9]

（四）公正。不论学生的种族、年龄、性别、外貌、成绩、家庭经济状况等方面如何，他们都可以参与学校心理咨询的所有服务项目。对于这些方面，咨询师应该有充分的察觉。

公正、公平原则是指每个人都有权利从心理学中受益,心理学工作者对此要有充分的认识,在工作和服务过程中要对所有人一视同仁。心理学工作者要运用合理的判断并采取适当的措施防止自己出现可能的偏见,确保在自己能力范围内工作,不要让自己的专业限制导致不公正的行为。

专栏5-5　摘自《美国心理学会(APA)心理学工作者伦理守则和行为规范》[9]

（五）尊重。来访者的自尊、价值、隐私等方面都应该得到尊重,他的自我决定权也不容侵犯。在学校,所有学生都有被尊重的权利,也要被有尊严地对待,咨询师应怀有师爱的精神和教育的情怀,尊重每一个来访者以及他们作出的任何决定与行为。

心理学工作者尊重每个人的自尊、价值、个人的隐私权、保密权和自我决定的权利。要对由于自身问题而不能自主决定的人和群体给予特别的照顾,保护他们的权利和福祉。心理学工作者对文化、角色和个体差异要有充分的觉察和尊重,这些差异包括:年龄、性别、性别认同、民族、种族、文化、国籍、宗教、性取向、残疾、语言、社会经济地位。在与不同的人工作时,需要充分考虑以上因素。心理学工作者要尽力避免自己由于以上因素产生偏见或影响到工作,他们不得在知情的情况下参与或是纵容其他人有这样的偏见和行为。

专栏5-6　摘自《美国心理学会(APA)心理学工作者伦理守则和行为规范》[9]

一般而言,伦理标准能为学校心理咨询师在面临伦理问题时提供支持,因此咨询师应该遵守伦理标准,但没有一个标准能够提供解决所有伦理问题的答案,它只代表了同行对于共同价值观和一些常见问题的最好判断。在具体的情境中还需要在充分考虑伦理原则的前提下,作出审慎的伦理决策。在充分考虑这些伦理原则的前提下,咨询师可以更好地评估他们在那些复杂情况下的各种可能选择,甚至当伦理原则不能够解决问题时还需要考虑伦理理论。

心理咨询师代表真实、坦诚与真挚,但是影响(Influence)也是一种重要的咨询技能。操纵来访者尝试新的行为是正当的吗？伪装一个陷阱来等着没有思想准备的来访者,是符合伦理的吗？对来访者隐瞒部分真相以削弱其影响,这合适吗？尽管学生们会异口同声地回答"不",但大多数富有经验的咨询师会不大情愿地承认,治疗性质的欺骗可能是有必要的,如果欺骗的意图是为来访者的利益着想的话。

专栏5-7　摘自(美)科特勒《治疗型心理咨询入门:来自行业的声音(第5版)》[10]

教育部办公厅印发的《中小学心理辅导室建设指南》（教基一厅函[2015]36号）明确提出了辅导伦理,即"心理健康教育教师应坚持育人为本,着力提高全体学生的心理素质；在学生出现价值偏差时,要突破'价值中立',帮助学生树立正确的世界观、人生观和价值观；在辅导过程中严格遵循保密原则,保护学生隐私,但在学生可能出现自伤、他伤等极端行为时,应突破保密原则,及时告知班主任及其监护人,并记录在案;谨慎使用心理测评量表或其他测试手段,并在学生及其监护人知情自愿基础上进行,禁止强迫学生接受心理测试,禁止给学生贴上'心理疾病'标签,禁止使用任何可能损害学生身心健康的仪器设备。"俞国良教授认为:"按照心理辅导行业的一般伦理规范,学校心理辅导室的伦理规范包括:心理辅导教师应尊重来访学生,与他们建立良好的辅导关系;有责任保护来访学生的隐私权,在心理辅导过程中,有责任向来访学生说明工作的保密原则,以及这一原则应用的限度;辅导个案记录、测验资料、信件、录音、录像和其他资料,应在严格保密的情况下进行保存;心理测量与评估过程中应考虑被测量学生的理解水平,并使用恰当的教育、心理测量工具了解来访学生的情况;鼓励心理辅导人员进行专业研究以对心理辅导工作有所贡献,在研究时应尊重参与者的尊严,防止研究对象的权益受到损害;要事先告知或征求研究对象的知情同意。"[11]国家的政策规定与学者的学术观点都值得学校心理咨询师考虑,在学校心理咨询实践中,保密问题、知情同意与多重关系问题会变得异常复杂。相对于职业的心理咨询师而言,有几个问题是学校背景下所特有的:(1)教师之间的公开交流和咨询专业的保密之间产生的冲突;(2)帮助学生的职责与来自父母对咨询的阻抗;(3)未成年人之间互助的伦理问题;(4)有关法律关于监护权与来访者隐私权的冲突;(5)咨询师面对自杀学生的职责;(6)学校中团体咨询的复杂性;(7)特殊领域咨询(如家庭关系、职业规划)的伦理挑战。

第二节 知情同意

【案例】

刘红在一所小学担任学校心理咨询师。她的来访者小旭是一名三年级学生,上课时好动,静不下心来,做作业也不主动。英语考试60几分,数学才40多分,成绩不理想。周末她喜欢安静地看电视,对于不喜欢的功课就无法静下心来了。妈妈说女儿写作业时容易分心,脾气犟又懒惰,自己脾气也不好,有时还会打她。小旭并不是自愿来接受心理咨询的,她是在老师的要求下才来到心理咨询室的,老师怀疑她智力有点问题,希望心理老师能给她做个智力测验,或让妈妈带她去医院做个智商鉴定。妈妈心里虽不愿意,但也怀疑小旭会不会有多动症,心里很纠结。其实小旭告诉过刘老师,她不愿意去医院,刘老师如何平衡小旭拒绝咨询而老师和妈妈同意咨询呢?

一、涵义

"知情同意"最早来源于医学界。"在德国,1894年出现了著名的莱茵判决。一名7岁的女孩身患结核性骨髓癌,医生告知其父必须进行截肢手术才能保住性命,但其父明确反对截肢手术。该医生不顾反对,对女孩进行了截肢,手术很成功,女孩恢复良好,保住了性命,但该医生仍被以伤害罪起诉。莱茵法院认为,医生虽然是出于救治病人的目的进行了手术并获得了成功,但这不表明其行为为法律所许可,因为医生'能够正当地且不受处罚地侵害病人身体完整权,其首要的前提条件,就是必须得到病人同意'。此判决形成了德国有关医疗行为合法性的'病人承诺说'。"[12]有学者认为:"关于知情同意的法律条款强加给医师两条基本责任:向患者披露关于治疗的信息;在进行治疗前获得患者的同意。"[13]虽然一些人反对将医疗方式发展出的知情同意全盘用于心理咨询,他们认为这样做并没有考虑到来访者的需求(Pope、Vasquez,1998),但大多数学者赞同这种做法。依据法律,知情同意需要满足3个条件才是有效的:"当事人必须了解所呈现的信息;同意必须是自愿给予的;当事人必须有能力授予同意"。[14]

知情同意是非常重要的心理咨询伦理标准,有学者认为:"知情同意还有许多益处,包括'促使当事人自主选择,可以减少当事人利益和身体受损害的风险,鼓励理性的决定,加强治疗的联盟'。"[14]简单地说,知情同意是指来访者理解心理咨询并同意咨询,它是基于尊重来访者自主决定权的。《台湾辅导与谘商①学会谘商专业伦理守则》明确"谘商同意权:当事人有接受或拒绝谘商的权利,谘商师在谘商前应告知谘商关系的性质、目的、过程、技术的运用、限制及损益等,以帮助当事人作决定。"知情同意实质上是咨询师与来访者之间达成的契约,由于来访者的专业知识处于劣势,对咨询师而言,重要的是履行告知义务;对来访者而言,主要是自愿,因此咨询师不得以任何强迫、欺骗、引诱的方式影响来访者作决定。有学者认为:"'知情'是关键和前提,'同意'是核心和结果,同意建立在知情基础上。"《纽伦堡法典》认为:"知情同意有四个基本要素:自愿(没有暴力、欺骗、欺诈、强迫、哄骗及其他隐蔽形式的强制或强迫)、法律上有承担能力、知情、理解。"[15]

自知力(Insight)是考虑知情同意的重要依据。学校心理咨询主要面对的是非精神疾病的学生,他们一般都有自知力,因此学校心理咨询必须遵守知情同意。实际情况是,学生越接近成熟年龄,越可能具有自知力,较小的儿童不太具备认知成熟力,因此针对高中生更应该考虑来访者本人的同意。然而,在某些特殊情况下也可能有例外,如美国精神医学领域就有急诊时、无知情同意能力、治疗特权、主动放弃等四种例外情况,何况是本来就存在着教育关系的学校心理咨询呢?对于"无知情同意能力"的处理,《美国心理学会(APA)心理学工作者伦理守则和行为规范》指出:"对那些法律上不能够给予知情同意的人,心理学工作者可以:(1)提供适当的解释;(2)寻求个体的同意;(3)考虑该个体的优先权和最大利益;(4)从法律授权者那里得到适当许可,确定替代同意的方式是否被允许或者是否有法律要求。如果法律不允许或者不需要法律授权者替代同意时,心理学工作者需要采取合理的步骤来保护个体的权利和福祉。"当然,例外也并非绝对,很多情况下,即便患者本人属于"例外",仍然需要得到其监护人或其他法定代理人所代行的知情同意。

> 给未成年人或无法行使知情同意权的人咨询,咨询师要采取必要措施得到来访者的同意,让他们自己适当地参与决策过程。咨询师要权衡各方面因素说明:来访者自己决定的伦理权利;来访者决定接受咨询和知情同意的能力;来访者父母或家庭成员的合法权益和责任。咨询师有责任保护来访者,并作出对他们好的决定。
>
> 专栏5-8 摘自《美国咨询学会(ACA)伦理守则和实务标准》[9]

---

① 谘商在台湾语意同咨询。

当然，学校心理咨询的"知情同意"是不同于精神医生的心理治疗和一般心理咨询的。有学者认为："知情同意的构成必须同时具备五要件：第一，前提是行为人必须具有完全民事行为能力；第二，权利内容包括知情权、选择权、同意权、拒绝权；第三，实现途径中工作者必须履行相应的义务；第四，服务对象的决定必须自主、自愿；第五，国家法律的许可和保障。五条缺一不可，否则就是违规。"[16]由于未成年的学生不具备完全民事行为能力，所以学校心理咨询的知情同意也并不完全是上面所说的知情同意。正如有学者所认为的那样，知情同意的核心成分是"了解咨询的程序、风险、受益和可供选择的方法；保密的限制；咨询的流程；咨询师的资质；咨询记录和测评的应用；咨询的间接影响"。[9]这样的知情同意在学校心理咨询师那里还是具有可行性的。

关于知情同意，需要注意的是：第一次见面就让来访者签署知情同意是不恰当的。如果来访者拒绝即刻作出同意的决定，继续咨询也未必是不符合伦理的，虽然其咨询的作用可能受到质疑。在这种情况下，可以是咨询师与老师或家长紧密合作，咨询师也应试图与来访者建立信任关系，以帮助来访者自愿接受咨询。对于那些来访者不熟悉的专业术语、量表、流程等，咨询师要用通俗易懂的语言让来访者充分理解并独立自愿作出决定。如果需要录音、录像或允许第三方观察时，咨询师要明确告知目的以及可能的后果，最好与来访者签署书面的知情同意书。对于那些处于危急关头的来访者以及不需要马上进行咨询的来访者，知情同意中的详细说明是需要推迟的。知情同意不只是签署知情同意书，更不是一次完成的，而是要将知情同意的理念贯穿于整个咨询过程，可以让来访者逐渐获得知情同意，但总的原则是"合适尽早"。

> （a）心理学工作者进行研究，或为他人提供评估、治疗、咨询服务，或进行面谈、电子通信或其他方式的沟通时，必须要用对方可以理解的语言向其解释，并征得他们的知情同意。除非法律规定或是伦理守则中指出可以不用征求来访者的同意（参见标准8.02,9.03,10.01）。
>
> （b）对于在法律上尚不能给予知情同意的人，心理学工作者应做到：(1)提供适当的解释；(2)得到本人的同意；(3)考虑本人的意愿和最佳利益；(4)如果法律上要求或允许其他人代为决定，要获得其法律授权人的同意，如果法律上对此不作规定，心理学工作者也要采取适当措施保障个人的权利和福祉。
>
> （c）心理学工作者受法律要求或委托为他人提供服务之前，需要告知他人该服务的性质，包括服务是否是法律要求或是委托的，以及保密原则的局限性。
>
> （d）心理学工作者要将获得的书面或口头同意和认可记录在案（参见标准8.02,9.03,10.01）。
>
> 专栏5-9　摘自《美国心理学会（APA）心理学工作者伦理守则和行为规范》[9]

二、实施内容

教育部办公厅印发的《中小学心理辅导室建设指南》中明确提出："谨慎使用心理测评

量表或其他测试手段,并在学生及其监护人知情自愿基础上进行,禁止强迫学生接受心理测试,禁止给学生贴上'心理疾病'标签,禁止使用任何可能损害学生身心健康的仪器设备。"有学者对国外的知情同意进行总结后认为,大多数心理咨询与治疗者赞同,在当事人同意进行心理咨询与治疗之前,他们应当被告知:"①咨询与治疗的费用;②约会的次数和频率;③失约的处理;④心理咨询与治疗者的资格和能力。"更有一些心理咨询与治疗者认为,当事人同样应当被告知:"①治疗的类型,包括对当事人的要求和咨询与治疗者将采取的行为;②咨询与治疗的危险和收益;③基于实证基础之上的心理咨询与治疗的有效性;④咨询与治疗所需的时间。"[17]我国目前还没有建立起一套较好的知情同意程序。根据知情同意的要求,一般应该让来访者清晰地知道并同意以下一些内容:来访者选择咨询师的权利;咨询的目标、技术、程序、局限性、风险以及咨询的益处;预约和重新确定咨询时间的程序;测评与报告的方式;保密权利与限制;督导或其他咨询专家的介入;咨询师的资质;来访者对记录的使用权利;来访者拒绝咨询的权利以及拒绝后的影响;标准的面谈时长和估计咨询的次数等,甚至咨询师从经验和文献中了解到的咨询可能对来访者其他方面产生的影响,也要作为知情同意的一部分告知来访者。如由于亲子关系改变而导致来自学生压力的减少或增大,其中以下一些内容是需要特别告知的:

(一)是否接受心理咨询。对于案例中的刘咨询师来说,她需要明确告知小旭有权决定是否接受心理咨询。如果老师要求刘咨询师以朋友身份去小旭家里做辅导,刘咨询师可以拒绝。如果妈妈坚持要让小旭去医院进行心理诊断,刘咨询师可以依据观察或经验判断小旭的严重程度,如果小旭具有自知力,一般可以建议小旭妈妈尊重孩子的意愿,让她自主作出选择,否则也不会有理想的咨询效果。但是,这里需要注意的是小旭作为未成年人,她妈妈也有监护的职责,如何权衡两者的矛盾以及处理好两人观点的分歧就显得很重要。另外,小旭作为发展中的个体,可能对心理咨询存有戒心或一知半解,这就需要刘咨询师在建立咨访关系初期做必要的告知,然后再让小旭作出是否愿意接受咨询的选择。

(二)可以自主选择咨询师。如果是由于咨询师的个人原因(如自己不擅长该问题咨询)或由于来访者的性别偏好以及多重关系等原因,刘咨询师应该告诉小旭,小旭有权选择咨询师。即使小旭已经开始接受咨询,如果她发现该咨询师不适合自己,也有拒绝咨询的权利或可以中途提出转介要求。《台湾辅导与谘商学会谘商专业伦理守则》明确:"自由选择权:在个别或团体谘商关系中,当事人有选择参与或拒绝参与谘商师所安排的技术演练或活动、退出或结束谘商的权利,谘商师不得予以强制。"当然,此时咨询师应该明确告知来访者拒绝咨询的后果或者转介后可能会遇到的新问题,然后让来访者自主决定。

(三)保密的权利与限制。作为咨询师,第一次与来访者接触时就需要确认他是否是自愿前来咨询以及对于心理咨询的了解程度。如果是家长或老师等成人建议以及同伴鼓励推荐而来,咨询师就需要进一步了解他本人对于心理咨询的态度,此时要明确告知来访者:除某些例外,心理咨询师一般是会为来访者保密的,也不会将来访者的具体情况告知建议他来咨询的家长、老师或同学。这对于那些对心理咨询存有戒心的来访者是很有作用的,也是心理咨询师的基本伦理规范要求。作为学校心理咨询,应妥善处理来访者隐私与学生心理健康状况告知义务之间的关系,《中华人民共和国精神卫生法》规定:"学校和教师应当与学生父母或者其他监护人、近亲属沟通学生心理健康情况。"

（四）咨询方案。在有的咨询师看来，制订咨询方案是一个很专业的行为，来访者不具备这方面的专业知识，理应由咨询师制订，但实际上，咨询的目标、技术、程序、益处与局限性、可能的风险等方面，咨询师都需要告知来访者，让来访者作出合理的选择。当然，在这个过程中，咨询师也需要与来访者一起探讨、协商制订咨询方案，如使用的技术、咨询的次数与时间等，这些需要咨询师在与来访者的协商时进行告知与说明。

（五）测评与报告。如果需要使用测验工具，来了解来访者的问题所在，确定问题的严重程度以及咨询后的效果评估，应该明确告知来访者测验的目的以及结果的使用范围与报告方式。一般而言，实施测验前主试应告知来访者测验的性质及目的、过程及结果的运用、测验结果的参考价值及限制，以使来访者决定其接受测验的意愿，尊重其自主决定权。原则上应该与来访者签订心理测试知情同意书。

（六）来访者对记录的使用权利。一般而言，对来访者进行录音、录像等"记录"都需要与来访者签署知情同意书。《美国心理学会（APA）心理学工作者伦理守则和行为规范》明确："只有在征得当事人或其法律代表的同意后，才能记录服务对象的声音和形象。"《中国心理学会临床与咨询心理学工作伦理守则（第一版）》也规定："心理师只有在得到寻求专业服务者书面同意的情况下，才能对心理咨询或治疗过程进行录音、录像或演示。"

三、实施形式

知情同意有两种基本方法：口头讨论或书面文本。《美国咨询学会（ACA）伦理守则和实务标准》对此作了明确说明。

> A.2.a 知情同意
> 来访者有权选择何时建立、何时继续咨访关系，他们要对咨询师和咨询过程有足够的了解。咨询师有责任用书面和口头的方式让来访者知道咨询师与来访者的权利和责任。知情同意贯穿整个咨询过程，咨询师要将双方就知情同意问题进行的讨论作适当记录。
>
> 专栏5-10　摘自《美国咨询学会（ACA）伦理守则和实务标准》[9]

知情同意就是咨询师与来访者的一个分享决策过程，在这个过程中咨询师与来访者交流很多信息，以便来访者对参与咨询专业活动作有根据的决定。至于是采用口头讨论还是书面文本或者两者兼而有之的方式作出知情同意，很多伦理守则并没有明确规定，但很多专家建议可以采用两者兼而有之的方式。知情同意这两种基本方法各有利弊，咨询师和来访者应审慎决定采用何种形式。

（一）口头讨论

有研究指出，"大部分心理学家仅仅口头沟通知情同意——因此在2005年之前没有使用书面材料的从业人员需要根据新的伦理规定将其纳入知情同意的过程中"[9]，可见口头讨论是早期知情同意的主要形式。除了法律的进步这个原因外，口头讨论知情同意其实也有它自身的一些优点。对于中国文化而言,要来访者签署一些书面的材料,他往往会非常小心慎重,即便他顾于情面没有表示明确反对,但也可能在以后的咨询中显得保守,从而影响咨询的效果。在这个意义上说,是否签署书面的知情同意需要进行多方面的权衡。另外,采取口头讨论的方式来进行知情同意,咨询师可以充分利用口头语言的语音、语调、姿势等多方面的优势,对来访者进行解释与说明,使得来访者能充分理解知情同意的内容。口头讨论还可以使咨询师个性化地对待来访者,避免由于格式化的文本所带来的机械呆板,咨询师可以在多方权衡后作出更加审慎的伦理决策。

《美国心理学会(APA)心理学工作者伦理守则和行为规范》指出:仅向当事人呈现信息是不够的,要"用恰当的容易理解的语言"来进行说明解释。一般而言,可以要求当事人对分享的信息和特定的协议进行解释。心理咨询师需要确定当事人是否理解已经告知的信息,不能仅问当事人是否明白或还有没有疑问,更重要的是要确认哪些信息是来访者所同意的。

至于口头讨论的内容,目前还没有统一的标准。一般而言,咨询师需要与来访者口头讨论的话题有:来访者有知情权;保密的例外;咨询程序;来访者和咨询师的期望;加入或受到影响的人;咨询的风险和利弊;可供选择的方法与资源等。一般应该书面文本告知的内容都需要对来访者至少有一个口头讨论,但太多信息也不合适,它会与签署知情同意的目标相悖。

(二)书面文本

知情同意的书面文本对于保障来访者的权益,规范咨询的整个过程是很有用的。一方面,通过为来访者提供有关的书面文件会影响咨询的效果。在来访者看来,有知情同意等书面文本会显得咨询比较正式一些,因此有时文本本身就能成为影响咨询效果的因素。另一方面,对咨询师而言,当自己在咨询中有不清楚或误解的地方,这些文本能给咨询师作参考。书面文本是双方达成一致意见的有形记录,它对于明确双方的权利义务、规范有关伦理行为提供了一个法律凭据。然而,书面文本可能带来的问题是易被误用,咨询师可能过度依赖它们,并常常以为签署了文本的内容是不需要继续与来访者讨论的。另外,如果在一开始就签署书面文本,可能会影响咨询师与来访者关系的建立与信任。这时书面文本的签署只是仪式与程序而已,并不能起到将知情同意作为过程来看待的作用。

知情同意的书面文本内容应该考虑到来访者的阅读水平和理解能力,一般在签署书面文本前或签署时需要配合口头语言进行解释与说明。书面文本不同于口头讨论,其文字语句需要符合心理咨询规范与法律要求,需要经得起推敲。文字表述要专业、通俗易懂,避免过于生僻与晦涩的专业用语。内容不宜过多,以免文本冗长,达不到签署知情同意的目标。对于必须告知且来访者务必作出明确同意的内容,可以用书面文本的方式进行知情同意,其他的方面可以用口头讨论的方式进行。

这里要特别注意的是知情同意不是在开始咨询前需要完成的技术要求,即一个经来访者签过字并用来保护咨询师的证明文件,而是咨询师与来访者建立关系的过程,更是一个专业伦理的要求。因此,知情同意书面文件的签署过程一般包括:来访者阅读知情同意书中的所有内容;由咨询师询问来访者是否对知情同意书的内容有疑问,可以根据咨询师的经验对来访者作出某些内容的具体解释;由来访者在知情同意书上签字,一般咨询师也应该在场;

随着咨询的持续推进，咨询师也应告知有关咨询的进展情况。

知情同意书一般可以制作为格式化的文本，但也要留有一定的补充条款，以区别对待不同来访者的个性化需要。如果需要对来访者进行心理测验、录音、录像、研究与发表等，还需要另外签署知情同意书，以确保来访者的隐私不受侵犯。有学者认为，知情同意书至少要包括10点关键因素：

> 知情同意书中的关键因素
> 1. 所提供的治疗性质。
> 2. 咨询师本身的信息。
> 3. 咨询师和来访者之间保密关系的性质，保密的例外情况。
> 4. 治疗中可能的风险和益处。
> 5. 治疗的选择。
> 6. 做出知情同意的能力，不受胁迫。
> 7. 拒绝、终止治疗而不受惩罚的权利。
> 8. 办公时间、联系方式、紧急事件的处理方法。
> 9. 收费情况和支付方式。
> 10. 个体健康情况的私密性。

专栏5-11　摘自(美)莱恩·斯佩里《心理咨询的伦理与实践》[18]

在学校心理咨询中，除了第9条"收费情况和支付方式"由于教育的公益性而无法实施外，需要来访者遵守咨询的预约时间等有关规定，否则将造成咨询资源的浪费。虽然学校心理咨询目前还没有统一的知情同意文本，但以下一些内容是必需的：对于那些没有严重精神疾病但已经在用药的来访者而言，咨询师必须对"心理咨询的性质"作出明确的告知，以免来访者产生误读而影响心理治疗。作为学生的来访者，可能是边上学边用药，这就需要心理咨询师做好有关协助工作。由于学校心理咨询的特殊性，咨询师还应该告诉来访者，如果咨询有必要可能在适当的时机会与学校领导、老师、家人、社区有关人员进行联系，其中哪些人可能会参与其中，这需要来访者对这些人员特别是父母或老师作出明确的同意表示。"咨询师和来访者之间保密关系的性质，保密的例外情况"也是必需的，从而可以让来访者自主决定哪些信息是可以透露给咨询师的。知情同意书中也必须明确告知来访者他在任何时候都有权拒绝或中止咨询，他不会由于这个因素遭受任何惩罚与报复。一般而言，学校心理咨询师的工作时间在办公场所会有告知，但对于某些特殊群体还应该告知遇到紧急情况如何尽快地联系到咨询师。

在知情同意中，最有挑战性的问题莫过于未成年人是否愿意接受咨询的问题，如案例中的小旭。妈妈和老师都希望小旭能接受心理咨询，然而如果小旭不太愿意的话，这个问题就很棘手。通常来说，未成年人不能自己决定是否接受治疗，必须获得监护人的同意，至少应该有一名监护人的同意。如果父母离异而监护权共享时，建议有父母双方的同意。然而，实际情况是小旭作为未成年人的学生，参与学校组织的教育活动，未必都要经过妈妈的同意。很多情况下，也有一些法律的豁免权，如紧急情况就不需要征得父母同意。可能的处理方法是小旭是否去学校心理咨询室接受咨询,可以完全由小旭自行决定并同意;如果她需要去外校(或社会心理咨询机构)、医院接受心理咨询,可能需要妈妈等监护人的同意。当然,她的监护人也不能强迫小旭去医院接受咨询与治疗,因为如果强迫她去接受咨询的话,就违背了《中华人民共和国精神卫生法》关于"除法律另有规定外,不得违背本人意志进行确定其是否患有精神障碍的医学检查"的规定,也不符合心理咨询的伦理要求。除非小旭是疑似精神障碍患者,妈妈才可以将其送往医疗机构进行精神障碍诊断,因为《中华人民共和国精神卫生法》规定:"除个人自行到医疗机构进行精神障碍诊断外,疑似精神障碍患者的近亲属可以将其送往医疗机构进行精神障碍诊断。"如果是父母带着未成年人来咨询,一般可以认为父母有权代表未成年人同意进行咨询,如果只是未成年人个人来咨询,就需要明确告知心理咨询的保密以及例外等情况,最好签署知情同意书。

在学校心理咨询中,关于知情同意还有一个挑战性的问题就是网络咨询。在当下,许多学校面向学生开通了网络在线咨询,学生出于方便快捷、生活习惯以及隐私的多种考虑,可能会选择网络咨询的方式求助学校心理咨询师。美国心理咨询师国家认证委员会(NBCC)1998年制订的《网络心理咨询伦理守则》明确规定"在网络上咨询未成年人时,父母/监护人的同意是有必要的,应对父母/监护人的身份加以确认""在与其他电子资源分享网络当事人的有关资料时,应遵循适当的信息透露程序""网络咨询师应在网站上提醒当事人何种问题是不适宜于使用网络咨询的""应对当事人解释由于网络技术原因而造成误差的可能性""应对当事人说明由于缺乏视觉信息而造成网络咨询师和当事人彼此间产生误解的可能性及解决方法"。这些伦理守则在今天仍然值得我们借鉴。一般而言,由于网络咨询的特殊性,应该包括知情同意所有的关键因素,还要考虑与网络有关的问题,如网络的安全性、回应来访者的时间、非语言线索的缺失、某些特殊问题的适切性以及紧急情况的处理方式等。在美国等一些国家,如果来访者要接受网络咨询,要求告知来访者在咨询师尽可能保证来访者隐私的前提下,如果隐私泄密,咨询师是不负有责任的。

> 1. 要处理电子传输通信过程中可能出现的泄密问题。
> 2. 要让来访者知道,电子传输的信息可能会让咨询师的同事、督导、雇主如信息技术管理者知晓,他们中有些人可能有此权利,有些则可能是擅自行事。
> 3. 要让来访者知道,那些有权或无权知晓电子传输信息的人同时还包括他们的家人和同事,他们可能知道来访者采用的一切技术。
> 4. 要让来访者知道相关法律对跨越国界或国际边界专业权利的规定和限制。
> 5. 如有可能,使用加密网站或电子邮件进行通信,以保障来访者的隐私权。
>
> 专栏5-12 摘自(美)伊丽莎白·雷诺兹·维尔福《心理咨询与治疗伦理》[9]

总之,知情同意主要是为了促进来访者的选择,让他们自主作出决定,而不是出于保护咨询师逃避责任的工具,因此对来访者自主性的尊重是知情同意的核心伦理要求。好的知情同意不是对心理咨询的干扰,而是专业伦理的要求并有利于心理咨询的。知情同意是咨访双方建立关系的过程,不仅仅是签署一个书面的知情同意书。

第三节 保密原则

【案例】

雯雯,14岁,女生。学校德育分管领导说她目前最大的问题是怕体检,在她的周记中流露出自己的末日快到了,无论如何她是不会去体检的,因为她知道下学期将有一次体检是为升学准备的,她说宁愿不读书了也不要体检。班主任老师发现她的行为有些奇怪,建议她去找学校心理咨询师。在咨询中,她述说了以前的一些事情,咨询师发现她的有些行为的确是与众不同的,如洗脚时把脚盆藏在桌子下,晒内衣时用外套盖住等。学校德育领导和班主任对学校心理咨询师说:"她在周记中写道:我的一生早已被我的信念毁了。我们不知她的信念是什么,也不知她将要做什么,你能告诉我们吗?"如果雯雯不同意透漏她的有关信息。那么学校心理咨询师应该保密吗?

一、保密与隐私权

保护个人隐私权是各国法律发展的一个共同趋势,但并不是所有对个人隐私的侵害都属于对个人隐私权的侵害。西格尔将隐私定义为"来访者为自己选择在什么时间和什么场合,在何种程度上与他人分享或保留他们的信念、行为和观点的自由"。[18]隐私权是法律概念,保密是伦理标准,隐私权在心理咨询中的具体落实就是遵守保密原则。"米勒和锡伦发现被调查的当事人中有69%的人认为并期望他们在心理治疗中的所有信息应该得到保密,74%的人对该规则没有异议。最后,有96%的人表示在心理治疗关系开始之前想了解对保密性原则的一些可能性限制。"[14]同时几乎所有学者都认为心理咨询师有责任向求助者说明心理咨询工作者的保密原则以及应用这一原则时的限度,因此遵守保密原则是咨询师与来访者的共同期望,遵守保密原则既是伦理的要求,也是有关法律的规定。

保密原则是学校心理咨询的基础,几乎所有心理咨询伦理守则都给予了充分的关注。保密,既包括咨询中来访者的私人信息,也包括来访者的身份。保密原则涉及自主性、诚信、无伤害和善行等伦理原则,例如基于每个人都有自主权,都有为自己作决定的权利,使他们可以决定哪些私人信息可以被公开,哪些信息不能公开,当来访者不同意自己的信息被披露时,咨询师就应该为他保密,尊重隐私与来访者自主权是密不可分的。因此,对保密原则的破坏就是对隐私的侵犯和对来访者的不尊重,也是对咨询师自己诚信的亵渎。对于来访者而言,他之所以愿意将自己的私人信息告诉咨询师,是希望寻求支持与建议的,如果咨询师连保守秘密都没有做到,来访者就会产生被背叛的感觉,咨访关系就会出现问题,进而影响咨询效果。善行是保密的根源之一,它能为来访者营造安全的环境,这是增进来访者成长的基本步骤。违背保密原则,会让来访者感到被欺骗,甚至使他们陷入更大的心理危险之中。伤害并非都是故意的,但如果咨询师不小心泄露了来访者的有关信息,可能就会对来访者造成非故意的伤害。试想,来访者不愿意让自己同学或朋友、老师知晓的隐私(如爱慕自己班级的某女生)都由于咨询师的缘故导致了泄密,他将会更加无地自容,不仅可能拒绝继续接受咨询,而且可能不再信任心理咨询,这将对整个行业造成损害。《美国咨询学会(ACA)伦理守则和实务标准》甚至还明确规定"咨询师在符合法律要求和机构政策的前提下,要保护去世的来访者的信息",也就是说咨询师对来访者的保密责任应延续到来访者去世之后。对于学校心理咨询师而言,更不能由于来访者的咨询结束、转学、升学或退学等因素而不遵守当时的保密约定。

过去学者对保密原则的研究主要集中在保密的范围;保密在法律与伦理规定的差异;保密的法律限制;保密原则与其他原则的平衡以及未成年人的保密问题等方面。学者们几乎都认为,除非来访者同意,咨询师不应该把来访者的身份、个人资料及咨询内容向外泄露。在心理咨询工作中,一旦发现来访者有危害自身或他人的情况,必须采取必要的措施,防止意外事件发生(必要时应通知有关部门或家属),或与其他心理咨询师进行磋商,但应将有关保密的信息暴露限制在最小范围之内。心理咨询工作中的有关信息,包括个案记录、测验资料、信件、录音、录像和其他资料,均属专业信息,应在严格保密的情况下进行保存,不得列入其他资料之中。在因专业需要进行案例讨论,或采用案例进行教学、科研、写作等工作时,应隐去那些可能会被辨认出来的来访者的有关信息。很多学校心理咨询师从规则视角来处理工作中遭遇的保密问题,尽量避免遭受法律与伦理的指责,这样思考是需要的,但还是不够的,因为关注来访者的尊严与隐私,尊重他的自主性以及避免伤害并促进他的受益,这些都是咨询师需要权衡的方面。由于文化的差异,未成年来访者与成年人在保密问题上的区别以及学校心理咨询的特殊性等因素就导致了保密原则在实践中的复杂性与灵活性。正如有学者所认为的:"在中国的学校心理咨询中,由于心理咨询员多为学校中的兼职教师,这些兼职教师有些是班主任、有些是负责学生工作的人员,因此保密原则在学校心理咨询中并不是一项易于把握的原则。"[19] 如何充分考虑保密原则在实践中的复杂性与灵活性,这需要提高学校心理咨询师的实践智慧。

二、保密的实施

实施保密必须尊重来访者的隐私权。隐私权是基于法律赋予的自由权与伦理赋予的自主权,来访者有权决定与他人分享私人信息的对象、时间、地点、方式、范围等,保密只是实施隐私权的方法,在这个意义上,隐私权才是要考虑的伦理根本。一般而言,学校心理咨询师都会有为来访者保密的意识,但在处理来访者的隐私时要特别小心,咨询师很容易由于自身的疏忽而导致隐私泄密,如与同事、家人、朋友聊天时,如由于资料整理与存放不当等,一不小心就会造成信息泄露。另外,保密是咨询师与来访者建立良好咨访关系的基础,由于咨访关系的安全与信任,使得来访者的表露会很开放,同时也可能造成他更不愿自我审视,在这个意义上,也要提醒来访者自己具有隐私意识,恰当地处理自我表露与保密的关系。

(一)明确告知保密与例外。在咨询中,咨询师不仅要知道保密原则的局限性,还要将保密的局限性明确告知来访者,并尊重来访者的隐私。教育部办公厅印发的《中小学心理辅导室建设指南》中明确提出:"在辅导过程中严格遵循保密原则,保护学生隐私,但在学生可能出现自伤、他伤等极端行为时,应突破保密原则,及时告知班主任及其监护人,并记录在案。"《中国心理学会临床与咨询心理学工作伦理守则(第一版)》规定:"心理师在心理咨询与治疗工作中,有责任向寻求专业服务者说明工作的保密原则,以及这一原则应用的限度。在家庭治疗、团体咨询或治疗开始时,应首先在咨询或治疗团体中确立保密原则。"《美国心理学会(APA)心理学工作者伦理守则和行为规范》对于"讨论保密原则的限制"作了如下规定:

> (a) 心理学工作者应同与自己有专业或科研关系的人或机构(如果可能的话,包括与法律上不能给予知情同意的人或是他们的法律代表)讨论以下问题:保密原则的限制,工作中可能使用信息的地方。
> (b) 除非条件不允许,否则在关系建立之初就应与他们讨论保密问题。
> (c) 那些通过电子沟通的方式来提供服务、产品与信息的心理学工作者,也需要告知来访者或患者保密原则的限制。
>
> 专栏5-13 摘自《美国心理学会(APA)心理学工作者伦理守则和行为规范》[9]

有学者认为:"在解决隐私问题时咨询师应该代表机构的利益行事,而非代表来访者的利益""作为一名雇员,咨询师通常会面临对机构的义务和对来访者的义务之间的冲突。在这种情况下,咨询师必须在建立职业关系之前便与预约的来访者澄清这些东西。"[18]例如,可以在咨询前确保知情同意。

(二)妥善保管个案记录。保护咨询资料的安全是咨询师实施保密的法律、伦理与专业责任。《中国心理学会临床与咨询心理学工作伦理守则(第一版)》规定:"心理师专业服务工作的有关信息包括个案记录、测验资料、信件、录音、录像和其他资料,均属于专业信息,应在严格保密的情况下进行保存,仅经过授权的心理师可以接触这类资料。"《台湾辅导与谘商学会谘商专业伦理守则》规定:"在学校或其他机构服务之会员,宜把辅导与行政角色划清界限,把行政资料与咨询资料分开处理,不得任意将咨询资料公开。若必须提供咨询资料时,应以当事人之权益为优先考虑。以不透露当事人身份为原则,尽可能提供客观正确的事实及有利当事人之资料。""凡是咨询记录、录音、录影以及往来信函、有关文件、测验结果及解释等资料均属机密,应妥为保管,严禁外泄。因故必须提供有关人员参考时,需先征得当事人之同意,提阅资料者亦有保密责任。"

咨询记录的电子化会影响到保密问题。与传统的纸质记录相比,咨询师可能将大量来访者的信息存储在电脑中,如果咨询师保管不善,这些咨询记录很容易被偷窃、复制或丢失。采用电脑存储来访者记录、心理测试数据和使用互联网工作的咨询师务必注意到这一潜在问题,并且应采取措施保护来访者的隐私,如最好使用不联网的电脑、存储资料的电脑与工作电脑分开等。《美国咨询学会(ACA)伦理守则和实务标准》规定:"咨询师需设法保证信息不会通过以下方式泄露出去:电脑、电子邮件、传真机、电话、语音信箱、答录机和其他电子或电脑设备。"有学者曾提出以下忠告:"如果有可能,尽量避免使用他人可接触到的电脑;在创建和存储来访者记录时,尽量使用外接硬盘、软盘、CD或类似的硬件设备——避免使用硬盘;在对文件、CD和软盘命名时,使用代码或假名;对每一位来访者的身份代码或假名保存一份纸质材料;及时更新杀毒软件,对于原始CD或软盘进行备份,分开存放;使用联网计算机应小心谨慎,并且采取所有可能的措施保护来访者信息不被他人看到。"[9]尽可能不要使用传真机发送来访者的信息,因为你很难确认接收传真的人的身份,而且传真机很可能放置在公共空间。即便使用传真是唯一的方式,也要在传真资料时明确告知该资料的保密性。

（三）谨慎使用有关资料。《中国心理学会临床与咨询心理学工作伦理守则（第一版）》规定:"心理师因专业工作需要对心理咨询或治疗的案例进行讨论,或采用案例进行教学、科研、写作等工作时,应隐去那些可能会据此辨认出寻求专业服务者的有关信息(得到寻求专业服务者书面许可的情况例外)。"《台湾辅导与谘商学会谘商专业伦理守则》规定:"若为专业教育、训练、研究之目的,需要利用咨询及相关机密资料时,须先征得当事人之同意,并避免透露当事人之真实姓名。使用资料者亦应有保密责任。"《台湾辅导与谘商学会谘商专业伦理守则》规定:"若为研究之需要须参考当事人的谘商数据时,谘商师应为当事人的身份保密,并预先征得其同意。若发表演讲、著作、文章、或研究报告需要利用当事人的谘商数据时,应先征求其同意,并应让当事人预阅稿件的内容,才可发表。若为专业的目的,需要讨论谘商的内容时,谘商师只能与本案有关的关系人讨论。若为谘询的目的,需要做口头或书面报告时,应设法为当事人的身份保密,并避免涉及当事人的隐私。"《美国心理学会(APA)心理学工作者伦理守则和行为规范》对"出于教学或其他目的使用保密信息"也作出了明确规定:

> 心理学工作者不得在其著作、讲座或其他公开出版物中披露其来访者/患者、学生、研究参与者、机构的来访者或其他服务对象的可识别身份的信息,除非:(1)采取适当的措施隐去个人或组织的信息;(2)个人或组织有书面同意;(3)得到法律授权。
>
> 专栏5-14　摘自《美国心理学会(APA)心理学工作者伦理守则和行为规范》[9]

（四）合理合法提供信息。对于学校领导、教育者、父母或监护人等要求提供来访者等资料信息,必须符合法律规定与伦理守则,合理合法地提供有关信息。《台湾辅导与谘商学会谘商专业伦理守则》规定:"当事人之父母、合法监护人,或对当事人负有行为责任之非辅导专业人员,要求提供咨询资料时,辅导员应向当事人说明要求提供资料者之合法性。征得同意后,方能提供资料。"《台湾辅导与谘商学会谘商专业伦理守则》规定:"合法监护人或合法的第三责任者要求查看当事人的谘商资料时,谘商师应先了解其动机,评估当事人的最佳利益,并征得当事人的同意。其他人包括导师、任课教师、行政人员等要求查看当事人的谘商资料时,谘商师应视具体情况及实际需要,为当事人的最佳利益着想,并须征得当事人的同意后,审慎处理。"咨询师要将来访者信息提供给第三方时,要既能符合法律的规定,还要注意能保证来访者的尊严。《美国心理学会(APA)心理学工作者伦理守则和行为规范》和《美国咨询学会(ACA)伦理守则和实务标准》都对"披露信息"作了规定:

> (a) 心理学工作者如果需要披露保密信息,必须征得机构或个体的来访者/患者,或代表来访者/患者的法律授权人的许可,法律允许的情况下除外。
>
> (b) 心理学工作者只有在法律授权的情况下或是出于法律规定的正当目的,才可以不经过当事人的同意披露保密信息。这些正当目的包括:提供所需的专业服务;获得适当的专业咨询;保护来访者/患者、心理学工作者或其他人不受伤害;向来访者/患者支付服务费用。不过,披露信息要尽可能限制在能达到预定的目的的最小的范围内。
>
> 专栏5-15　摘自《美国心理学会(APA)心理学工作者伦理守则和行为规范》[9]

> B.2.c 法律要求咨询师披露信息
>
> 当法庭要求咨询师在未征得来访者允许的情况下透露需保密的信息或资料时,咨询师要获得来访者书面的知情同意书,或尽力不让信息泄露,抑或是让尽可能少的人知道其信息,以免对来访者或咨询关系造成伤害。
>
> B.2.d 尽量减少披露信息
>
> 在披露保密信息之前,应尽可能让来访者知情并参与信息披露决策过程,如果客观上要求披露保密信息,则应将披露信息限定在最小的范围内。
>
> 专栏5-16　摘自《美国咨询学会(ACA)伦理守则和实务标准》[9]

（五）充分考虑文化的差异。多元文化背景会使得保密问题更加复杂,梅尔等学者对此进行了非常好的概括,他们总结了三个案例,三个案例的来访者都来自南亚,咨询则发生在美国。当得知这些成年人正在接受心理治疗时,来访者的家人就要求知道咨询的全部内容和整个进程。他们还表达了对治疗师的强烈不信任,以及对一位家庭成员跟一个陌生人讨论家中私事的极大敌意。令这一问题更为复杂的是,来访者也很难向父母表达不同意见,因为在其所在的文化中,这表示对长辈的不尊重。在这样的情况下,专业人员要如何遵循伦理对保密的要求呢? 一个显而易见的解决办法,是让来访者签署咨询保密的同意书;然而这可能无法完全解决问题,因为来访者很难独自作出决定。更理想的伦理反应是预先就对与咨询师不同价值观体系的来访者的咨询复杂性有所准备,并且在开始提供服务之前就讨论一下如何跟家人沟通咨询事宜的问题。事实上,在这种情况下,如果可能的话,家庭治疗可能会是更好的选择[9]。学生来自不同的家庭,对于心理咨询、学校教育、孩子教养方式等方面,家长都会持有不同的观点。家长价值观的差异,是会影响咨询效果的。

对上述这个案例来说,雯雯不肯去体检是存在"危险"的,不仅影响升学,而且在她内心是一个"结",如果不解开这个"结",会影响她的正常生活。对于"雯雯不肯去体检"是不需要保密的,几乎人尽皆知,但作为咨询师应该有告知她的行为可能带来后果的义务,并做到不主动传播她这个秘密。至于雯雯自述中涉及到的隐私信息以及她"不肯去体检"的细节,咨询师应该要为她保守秘密,不管同学、老师或家长是否已知,咨询师都应该告知雯雯会为她保密。对于学校领导及相关人员要求知晓的信息,应该看具体情况"披露"。"披露"是基于雯雯的最大福祉来考虑,无论程序还是内容都要合理合法。

当然,疏远同事、保持沉默并不是学校心理咨询师的唯一选择,他不能因为要保密,就放弃自己作为教育者的职责。只要不涉及来访者的隐私,与班主任、学科教师讨论学生的学业成绩、行为问题;寻求其他教育工作者对于可以披露信息的指导与帮助;建议召开专题会议研讨来访者有关问题的对策,让参与成员共同帮助来访者等都是学校心理咨询师可以做的。也就是说,学校心理咨询师不必把其他教育工作者当作自己的对手,只要能尊重来访者的隐私,有自己的同事一起工作,一般会带给来访者更大的福祉。

对于未成年的学生来说,最大的问题是在什么情况下未成年的来访者有权对咨询内容向父母或监护人保密。美国学校咨询师协会制订的《学校咨询师伦理标准》（2004年修订）明确:"如果学生正在接受其他咨询师或者其他精神健康专业人员的服务,咨询师在征得学生和(或)家长/监护人的同意下,将告知其他专业人员,并形成清晰的共识,以避免学生产生冲突和混淆。""如果没有明确规定禁止信息披露的法律,依据与该学生的关系考虑给第三者提供信息。""以客观和关怀的方式为父母/监护人提供准确、全面的信息,也是对学生的伦理责任。"法律倾向于赋予未成年人较少的隐私权;伦理守则倾向于视未成年人的年龄和成熟水平赋予其相应的保密权。一般而言,未成年人年龄越大,在咨询中被赋予的保密权就越大。对咨询师而言,要有更强的专业能力来判断未成年人来访者问题的严重程度,这决定是否需要打破保密原则。

三、保密的限制

保密原则的突破是当前学校心理咨询面临的难题之一。作为学校心理咨询师,当某个学生说如果你将他之前所说的内容告诉他母亲,他就不来咨询了,你会怎么做?你听到什么信息会打破保密原则,告诉老师和学生家长?学校心理咨询师在这个问题上的最大困难莫过于决定来访者暴露的信息应该保密还是告知监护人或学校。

保密是根本,也就是说来访者的一切信息都是要保密的。有学者认为,"所有有关个人信息的基本资料或相关信息,都是保密和隐私权考虑的内容"。[8]然而当来访者有高自杀危险,高犯罪危险、高伤害他人危险、高受到伤害或正在受到伤害,咨询师可能会打破保密原则。有学者主张:"在咨询中,主要有九个可以打破保密的例外情况:1.来访者要求得到保密信息,或同意将保密信息泄露给他人;2.法庭要求心理健康工作者提供保密信息;3.针对咨询师的伦理投诉或法律诉讼;4.来访者希望采用咨询治疗问题作为起诉另外一方的民事诉讼的依据;5.基于成文法对保密问题的限制,如报告儿童和老年人被虐待;6.可能对自身或他人造成即刻伤害或死亡威胁的危险来访者;7.在未来有犯罪行为倾向的来访者;8.患有危及生命的传染性疾病的来访者,如HIV病毒感染来访者,并且来访者的行为会导致他人面临即刻的感染风险;9.处于生命尽头的来访者希望加速自身的死亡。"[9]对学校心理咨询师来说,学校或相关教师以及来访者家长要了解咨询细节,咨询师就会觉得很为难,不知如何权衡来访者与监护人、管理者之间的诉求。一般而言,只有在危及生命、遵守法律、基于福祉的考虑,才可能打破保密的限制。

(一)伦理守则的规定。教育部办公厅印发的《中小学心理辅导室建设指南》中明确提出"在辅导过程中严格遵循保密原则,保护学生隐私,但在学生可能出现自伤、他伤等极端行为时,应突破保密原则,及时告知班主任及其监护人,并记录在案"。《中国心理学会临床与咨询心理学工作伦理守则(第一版)》规定:"心理师应清楚地了解保密原则的应用有其限度,下列情况为保密原则的例外:(1)心理师发现寻求专业服务者有伤害自身或伤害他人的严重危险时。(2)寻求专业服务者有致命的传染性疾病等且可能危及他人时。(3)未成年人在受到性侵犯或虐待时。(4)法律规定需要披露时。在遇到(1)、(2)和(3)的情况时,心理师有向对方合法监护人或可确认的第三者预警的责任;在遇到(4)的情况时,心理师有遵循法律规定的义务,但须要求法庭及相关人员出示合法的书面要求,并要求法庭及相关人员确保此种披露不会对临床专业关系带来直接损害或潜在危害。"《台湾辅导与谘商学会谘商专业伦理守则》规定:"保密的特殊情况:保密是谘商师工作的基本原则,但在以下的情况下则是涉及保密的特殊情况:a.隐私权为当事人所有,当事人有权亲身或透过法律代表而决定放弃。b.保密的例外:在涉及有紧急的危险性,危及当事人或其他第三者。c.谘商师负有预警责任时。d.法律的规定。e.当事人有致命危险的传染疾病等。f.评估当事人有自杀危险时。g.当事人涉及刑案时等。"概括来说,生命价值高于一切,只要是可能危及到任何人的生命与健康,都属于保密的例外;法律规定,凡是与法律相抵触的行为都是不允许的,任何公民都有配合司法机关的义务。

（二）来访者的同意。来访者的一切信息都属于他自己所有,如果他本人愿意泄密,只要他的泄密合法合规、不影响别人,咨询师当然也无法拒绝。在一些两难问题中,咨询师可以试着征求来访者的同意,让他放弃保密权,当然前提是咨询师要从来访者的福祉加以考虑。例如,为了来访者的利益,家长或班主任需要知道某些信息,咨询师告诉家长或班主任这些信息更有利于他的问题的解决,此时可以通过知情同意的方式让来访者放弃保密权。还有一种较少可能出现的情况,如果咨访关系有些问题,来访者需要向学校领导或咨询师同行举报,这时咨询师也应该告诉来访者有些信息可能无法为他保密,这是由于咨询师自身维权的需要,从而导致来访者被动放弃保密权。

（三）专业的需要。由于来访者已经知情同意,有些咨询行为被认为来访者放弃了保密的情形,比如咨询师本人正在接受专业督导,可能会泄露来访者的信息,如果咨询师已经告知并向来访者解释了专业督导,就认为来访者部分放弃了保密权。同样如果心理咨询室的助理需要处理来访者的资料,也就可能接触到来访者的信息。如果来访者同意有其他人在场咨询,也认为他放弃了保密权。当然,这些专业理解需要咨询师明确告知来访者,让来访者知情同意。

（四）监护人的特权。一般而言,对未成年的来访者,父母作为监护人,有法律责任保护孩子安全,也有查阅咨询资料的特权。但是,在咨询前,咨询师应该明确告知来访者这一点。另外,咨询师还要明确告知父母,作为监护人最好尊重孩子的隐私权,设法让父母不要利用这方面的监护权,如果一意孤行,可能会给孩子成长带来不良后果。如果父母坚持要查阅,还是需要进一步沟通父母的想法,是否可以通过查阅以外的其他方式来知晓孩子的有关信息。

预警是和保密有关的伦理考量,这也是与保密有关的一个难题。有学者认为,预警是:"当有下述的四种情况发生时:1.立即之危险;2.可见之危险;3.有可辨识之潜在受害者;4.有存在之危险。"[8]一般而言,如果学校心理咨询师发现来访者需要预警,可以向以下人员进行预警:1.警察;2.适当的机构与人士（如学校、班主任等）;3.可辨识之潜在受害者;4.其他的可能受害者。

保密与打破保密有关的问题核心是来访者的福祉。"来访者福祉被列为优先考量……专业伦理规范所认定的助人专业人员之首要责任,即在满足来访者的需要,保障来访者的权益。"[8]《台湾辅导与谘商学会谘商专业伦理守则》就规定:"基于上述的保密限制,谘商师必须透露谘商数据时,应先考虑当事人的最佳利益,再提供相关的数据。"有学者认为:"助人专业人员除了在服务过程中应尽保密的责任之外,亦要诚实与适切的制作咨询记录,并以来访者福祉为念,协助陪伴以助其解决问题,迈向幸福与健康,忠诚对待,不可轻言放弃。"[8]因此,咨询师在考虑保密还是打破保密时,首先需考虑的就是来访者的福祉。

第四节 多重关系

【案例】

一个学校心理咨询师的困扰

小L是我曾经的一个来访者,他的另一个身份是我熟人的孩子。虽然和他父母熟悉,但我跟他正式结缘还是在初一的心理课上。他的积极活泼,给我留下了很深的印象。到了初二,有一次为了班干部竞选,他来咨询室主动求助。之后,我们的交往无非是在校园内偶然的相遇,然后跟普通师生一样,彼此问个好,送个微笑。

到了初三开学不久,小L的妈妈(我的熟人)找我。在她的讲述中我得知小L跟同学有了摩擦,他一直心有芥蒂,甚至波及了学习,来找我预约咨询也是小L本人的意思。虽然这个个案咨询时间长,但我收集来访者的资料很大部分是来自他妈妈。有些资料的收集显然是滞后的,有一部分原因可能是因为限于我与他妈妈的关系。我在整理他资料时发现他的人际冲突中有男生也有女生,但他对女生的负面评价似乎更多。我再问他妈妈,她才告知小学4年级时曾有被女生欺负、后来老师出面才解决的事情。因为是熟人的孩子,又在毕业班,也存在求急心态,可能这也是未曾深入问题核心的原因。

对这个案例,我很大的精力花在对来访者妈妈的陪伴与改变上。妈妈在孩子初三时教养态度突然的变化、过多的不满与自责,都对来访者的状态有一定影响。与妈妈的自责状态相反,来访者很少在我面前表达自己对妈妈的不满,会不会也是因为我们之间熟悉,他也在无意识防备?这是我的疑问。其实,我不仅与他妈妈熟悉,与来访者也是熟悉的,那么我该如何去做熟人的咨询?还是本就不该接受这个个案?作为学校唯一的心理咨询师,该如何应对已经被医疗机构和社会上的心理咨询机构"踢"回来的"皮球"?

之所以写小L的个案,是因为回顾这些年我的工作经历,从没有一个来访者让我如此困惑于咨访关系。小L无疑是很特殊的一个,他给我的咨询工作带来了别样的思考,也让我审视自己作为学校心理咨询师,从来访者那里获得内在需求的可能。

完成了这个个案,我反思了几个问题。其一是明知小L具有双重身份,为何我还接受他?小L是我熟人的孩子,熟人间该避讳咨询。道理我虽明白,之中厉害也知晓,可在现实中,当他为是否竞选班干部、为同学间人际冲突前来求助时,作为学校心理咨询师,我在身份的自我定位上,先下意识接受自己是老师的身份,其后才是一名咨询师的身份。鉴于这样的自我身份解读,使我始终说不出口去拒绝(哪怕婉转表达)。学校心理咨询师,有"学校"两字足以让我受困。其二是在转介后,是否是我的个人特质使得小L继续找我?为何我会选择继续与小L会面?从伦理来说,当来访者碰到的问题超出咨询师能力范围时,应该结束咨询关系及时转介。为何我会违规再次接待?我想最容易找到的原因是他妈妈是我熟人,我受困于熟人效应,不忍拒绝。

从我的个人特质来说,我轻技术、重关系,重视对来访者的真诚、关注与接纳,不知是否是这些特质让小L感受到了安全,所以他愿意跟我交流。可我在面对他的"强迫"念头时,明显感觉自己卡住了,咨询就此停滞不前,我们之间又有着熟人的限制,所以我清晰地感知到咨询的困境,其实这种情境对我们双方都无益。在我让自己以学校心理咨询师的名义去会见小L时,我分明能感受到自己承受的压力,所以我尽可能提醒着自己,我只是一名老师,小L是我的一名曾经的学生,学生想跟老师叙叙旧、聊聊他的近况,这个应该是被认可的。偶尔这样的解释也会被自己否定,感觉自己在自欺欺人。在这样的自我认定下,我持续着与小L的咨访关系,但还是隐约承担着压力。

终于,今年暑假小L没找我,我如释重负。人生具有自我康复的能力,相信小L已在困境中慢慢走出。若他继续来找,我想该是我面对自己困境的时候了,我会选择安静离开[20]。

(该案例由东华大学附属实验学校李雪梅老师提供)

一、涵义

一般地讲,多重关系(双重关系)是指咨询师与来访者除了咨询关系之外,还存有另外一种以上的关系,如师生关系、熟人关系等。多重关系可能产生于咨询关系建立之前,也可能在咨询关系建立之中或之后形成。有学者认为:"多年以来,双重关系这一术语被用来解释这种重叠接触的现象,但这个词已经逐渐变得过时了,并且也不再被收入到当前的伦理标准中,其中至少有部分原因是由于这个词语缺乏解释力。对于这种情况,心理咨询和心理健康专业现在使用的术语是咨询师——来访者非专业关系或者多重关系。"[9]基于此,本文采用"多重关系"这个概念。《美国心理学会(APA)心理学工作者伦理守则和行为规范》对多重关系作了如下界定:

> 多重关系的发生是指心理学工作者作为专业者的角色而:(1)在同一时间和同一个人有其他关系;(2)在同一时间跟与自己服务对象有亲密关系的人关系密切;(3)允诺未来与此人或其亲近的人发展其他关系。

专栏5-17 摘自《美国心理学会(APA)心理学工作者伦理守则和行为规范》[9]

其实,多重关系是学校心理咨询中不可回避的问题。一般来说,来访者都是本校的学生,甚至是自己所任教心理辅导课的学生。有的来访者在咨询关系结束以后还会在校园或其他场所继续寻求咨询师的帮助,甚至毕业若干年后还会回来看望咨询师或寻求一些帮助。有些本校同事也会寻求学校心理咨询师的非专业帮助,甚至提出心理咨询的要求。还有一些同事会来求助学校心理咨询师关于自己孩子或班级学生的教养问题,或请求咨询师对自己孩子或学生进行咨询。这样,在咨询关系之外,就会夹杂着诸如师生关系、同事关系、教育关系等许多复杂的其他关系,使得学校心理咨询师比职业的心理咨询师更加难以处理好。

学校心理咨询中可能存在的多重关系有:

(一)师生关系。我们的一项研究表明,[21]中小学学校心理咨询师几乎"总是"向自己的学生提供咨询,由于师生关系与咨访关系所导致的多重关系是中小学学校心理咨询师普遍接受的行为。与国家职业心理咨询师以及暂未取得相关证书教师比较,中小学心理咨询师更少

"未经其父母(或老师)同意而接待年幼的来访者"。面对作为学生的来访者,中小学心理咨询师很少考虑学生的未成年人身份而去获得其法定监护人的同意,这时的师生关系就先入为主了。中小学心理咨询师更少"拥抱来访者""称呼来访者时仅用其名字而不带其姓""借钱给来访者""让来访者不带姓氏地称呼自己的名字""给来访者邮寄节日贺卡""主动与来访者握手或接受来访者的握手",这些可能主要与中小学心理咨询师的教师身份有关。

(二)角色重叠。学校心理咨询师往往有多重角色,既是教师,又是咨询师,甚至还兼任了学校领导,或担任着班主任。有的学校心理咨询师与学生或学生家长是熟人关系,虽然对教育关系的影响并不大,但这种熟人关系可能影响着咨询关系的建立、咨询活动的进行等,更为重要的是影响咨询师的专业判断——由于自身角色的重叠导致心理咨询师、教师、朋友等界限不清,这不仅会给自身带来困扰,而且可能影响咨询效果。像案例中的学校心理咨询师其实大有人在。

(三)收受礼物。收受礼物在华人文化中是常见的现象,人际交往中有"礼尚往来"之说。来访者送礼物给学校心理咨询师是否可以呢?咨询师是否可以送礼物给来访者呢?在我们看来,收受礼物是一种复杂的现象,要判断是否可以送礼与收礼,需要综合动机、时机、礼物的价值、态度、影响等因素来考虑。如果所送之物价值很高,动机不纯,时机不对,影响不好,当然是不能收受礼物的,这本来就违反教师职业道德,也会对咨询活动产生不利影响,但如果小礼物只是表示谢意,价格不高(如节日贺卡之类),也未必要一概拒收,但要谨慎评估,贵重的礼物是不能接受的。然而,礼物的价值是很难评估的,多少钱的礼物是不能收的呢?评估时要因时代而不同,因人而异。我们的一项研究表明,"接受来访者价值 5 元钱以下的礼物"是中小学学校心理咨询师"从不如此"的行为。中小学学校心理咨询师"从不"做的行为有:向他人推荐来访者后收取报酬;送给来访者价值 50 元以上的礼物。

二、多重关系的影响

多重关系可能对来访者产生不利的影响,也可能并不对来访者产生伤害,因此,咨询师既要认识到多重关系可能带来的风险,还要考虑由于多重关系使得整个咨询变得不合伦理,其中很重要的一点是咨询师对"界限"的把握。多重关系是与界限紧密联系在一起的,不讨论界限就不可能对多重关系有清晰的认识。有学者认为:"界限为整个咨询过程提供了结构,为来访者提供了安全,为有效的治疗工作提供了必要的情感距离。"[9]实际上,多重关系对来访者来说存在"获益"或"受损"两种可能。"获益"与越界有关,而"受损"与界限破坏有关。有学者认为:"越界或界限破坏这两个词来自于同一个理念,那就是咨询师和来访者之间的专业工作生活和私人生活这两者应该有区别,有界限。"[9]

由于多重关系的存在,咨询师可能产生角色混乱,影响其作出正确的专业判断,对来访者造成伤害。一般而言,咨询师应避免与来访者产生多重关系,以免对来访者产生伤害。学者们都赞成咨询师与来访者不得建立亲密与性关系,但对非性的多重关系仍没有达成共识。《台湾辅导与谘商学会谘商专业伦理守则》规定:"谘商师应尽可能避免与当事人有双重关系,例如下述,但不止于此:亲属关系、社交关系、商业关系、亲密的个人关系及性关系等,以免影响谘商师的客观判断,对当事人造成伤害。"作为学校心理咨询师,应尽量避免一些不必要的、可回避的多重关系。当然,《美国心理学会(APA)心理学工作者伦理守则和行为规范》也认为:"如果多重关系可能阻碍心理学工作者的客观性、能力或工作表现,或是有可能对自己的工作对象造成剥削或伤害,心理学工作者就要避免发生此类多重关系。那些不会产生阻碍或是导致剥削和伤害的多重关系并不违反伦理。"[9]因此,对多重关系的影响需要进行合理的评估。有学者认为:"评估双重关系时焦点应放在权力滥用、潜在的剥削、有害的影响上,而不是双重关系本身。"[18]

有学者也认为,并非所有的多重关系都对来访者有害,如果严格禁止多重关系,似乎太过严格。如果多重关系并未对来访者产生伤害,有时甚至还产生了好的效果,就不应该一律禁止,关键是咨询师应对多重关系进行评估,慎重考虑由于多重关系产生对来访者的伤害情况,以及对自己作出专业判断的影响。

三、处理策略

案例中的学校心理咨询师能敏感地意识到多重关系对小L和他妈妈产生的影响,说明她有很好的专业伦理意识和处理伦理问题的能力。案例中,她是"学校唯一的心理咨询师""心理课老师""不仅与他妈妈熟悉,与来访者也是熟悉的",面对一个"主动求助"的"已经被医疗机构和社会上的心理咨询机构'踢'回来的'皮球'",是否需要接受来访者的咨询要求?她的困惑在于咨询师与来访者既有熟人关系,还有角色冲突,更有教育责任,当前的转介机制又不那么健全,她该如何处理?综合判断下来,她决定接受来访者的咨询,我们觉得这种处理是明智的。一般而言,在学校咨访关系中至少存在师生关系,咨询师与小L的关系不外乎是多了几重关系而已,是否接受来访者的咨询,关键要考量的是来访者的福祉。

首先,面对多重关系,不是简单回避就可以解决的。有学者就认为:"所有人都认可,有时多重关系发生在偶然的接触中,而有时多重关系又难以避免,除非拒绝为来访者提供服务。从本质上来讲,同时发生或相继发生的多重关系的主要风险是非专业关系将削弱专业人员的判断力和来访者对治疗的反应。"[9]在学校心理咨询中,多重关系本来就不可避免,小L是"已经被医疗机构和社会上的心理咨询机构'踢'回来的'皮球'",目前没有转介的可能,看来是很难回避的。

其次,学校心理咨询师需要承担起教育的职责,虽然教育与咨询有着很大的不同。其实,在多重关系中,咨访关系与师生关系的冲突在于角色之间的冲突。有专家认为:"多重关系问题产生的原因是社会角色之间的冲突,一旦不同角色对专业人员提出不可调和的要求时就产生了问题。"[9]作为教师,对学生有核心价值观教育的职责;作为咨询师,对来访者有尊重其价值观的需要,这就使得这种多重关系问题难以处理。教育部办公厅印发的《中小学心理辅导室建设指南》明确规定:"在学生出现价值偏差时,要突破'价值中立',帮助学生树立正确的世界观、人生观和价值观。"因此学校心理咨询师即使是在心理咨询中,也要承担起教师的职责。

再次,学校心理咨询师要谨慎处理熟人关系,做好与来访者之间的非专业互动。对于咨询师与来访者之间的非专业互动,《美国咨询学会(ACA)伦理守则和实务标准》作出了以下规定,这些规定还是很值得学校心理咨询师参考的,对来访者有益、有知情同意、有备案、有弥补措施是处理该类问题的基本策略。

> A.5.d 具有潜在获益可能性的互动
>
> 如果咨询师与当前或之前的来访者之间存在非专业的互动,而这种互动关系对来访者有益,咨询师必须事先有所备案,记录这种非专业互动的合理性、可能的益处、对当前或之前的来访者及其重要他人①的预期效果。该互动要在来访者事先同意的情况下才能发生。如果这种非专业的互动对目前或之前的来访者或是其重要他人造成了无意的伤害,咨询师必须尽力弥补,并证明自己已采取补救行为。
>
> 专栏5-18 摘自《美国咨询学会(ACA)伦理守则和实务标准》[9]

除了该案例中涉及的多重关系处理策略外,还需要注意以下几点:

第一,谨慎处理礼物问题。《美国心理学会(APA)心理学工作者伦理守则和行为规范》认为:"与来访者/患者的实物交易是指心理学工作者接受来访者/患者的物品、服务或其他非货币形式的报酬以支付心理服务费用。心理学工作者只有在满足以下情况时,才可以使用该方式:(1)在临床上没有被禁止;(2)这种方式不会给对方造成剥削。"[9]《美国咨询学会(ACA)伦理守则和实务标准》作出了以下规定:

> A.10.e 接受礼物
>
> 咨询师需了解接受来访者礼物可能带来的风险,同时意识到,在一些文化背景下,赠送小礼物代表尊敬和感激。决定是否要接受来访者的礼物,咨询师需要考虑以下问题:治疗关系、礼物的经济价值、来访者赠送礼物的动机以及咨询师接受或拒绝礼物的动机。
>
> 专栏5-19 摘自《美国咨询学会(ACA)伦理守则和实务标准》[9]

在收费的职业心理咨询服务中,尚且如此!如果是不收费的学校心理咨询,是否可以以物易物?这个问题是很复杂的,学校心理咨询师要谨慎处理。《美国咨询学会(ACA)伦理守则和实务标准》也指出,咨询师与来访者进行交易,需满足以下条件:没有剥削关系或伤害产生;不会让咨询师处于优势地位;由来访者提出;它是同领域专业人员普遍接受的行为。这种规定值得学校心理咨询师参考借鉴,同时咨询师还要考虑来访者的实际情况,礼物或服务的文化含义,并与来访者进行讨论且达成一致意见。如果能用书面形式记录下来就更为妥当。在学校心理咨询中,礼物可能会产生正向的辅导效果,即便如此,咨询师也要意识到它也会有违背心理咨询伦理的可能。

第二,与已经和他人有咨询关系的来访者,要建立积极合作的关系。学校心理咨询中,可能有来访者已经去过精神卫生中心或社会上的心理咨询机构,有的来访者甚至可能在接受药物治疗。对于这样的来访者,学校心理咨询师要与之建立积极合作的关系。《美国咨询学会(ACA)伦理守则和实务标准》规定,对于与他人有咨询关系的来访者:"应该在征得来

---

① 重要他人是指个体社会化和人格形成过程中具有重要影响的人,如父母、兄弟、姐妹、老师同学甚至不认识的人。

访者同意的情况下,让另一个咨询师知道此事,并与之建立积极合作的关系。"《台湾辅导与谘商学会谘商专业伦理守则》规定:"接受个案前与处理个案时,若发现案主正在接受其他辅导人员咨询,应征得咨询员之同意书,并要求取得其咨询资料之权利,否则应拒绝给予咨询或即刻停止咨询。""应确认咨询关系为一种特殊的专业关系,辅导员与当事人之间不得介入一般人际关系的名分或感情。""咨询员若遇到行政、督导或评鉴等,与咨询发生角色冲突时,宜避免与当事人建立咨询关系,应予转介。"这些都是值得我们借鉴的。

参 考 文 献

[1] 张海燕.大学生职业发展与就业指导[M].河北:河北人民出版社,2008.
[2] 李明善.教师专业发展论纲[M].吉林:吉林大学出版社,2011.
[3] 叶澜.新世纪教师专业素养初探[J].教育研究与实验,1998(1).
[4] 赵康.专业、专业属性及判断成熟专业的六条标准——一个社会学角度的分析[J].社会学研究.2000(5).
[5] 何光辉.有效职业伦理教育模式研究[M].上海:上海三联书店,2009.
[6] 窦炎国.伦理学原理[M].北京:中国社会出版社,2010.
[7] 徐震,李明政.社会工作伦理[M].台湾:五南图书出版公司,2002.
[8] 牛格正,王智弘.助人专业伦理[M].台湾:台湾心灵工坊,2008.
[9] [美]伊丽莎白·雷诺兹·维尔福.心理咨询与治疗伦理[M].侯志瑾等译.北京:世界图书出版公司,2010.
[10] [美]科特勒.治疗型心理咨询入门:来自行业的声音[M].张敏译.5版.北京:高等教育出版社,2010.
[11] 俞国良.建立学校心理辅导制度全面推进心理健康教育[J].基础教育参考,2014(11).
[12] 满洪杰.人体试验法律问题研究[M].北京:中国法制出版社,2013.
[13] [美]琳恩·安·德斯佩尔德,艾伯特·李·斯特里克兰.最后的舞蹈:邂逅死亡与濒死[M].李国鹏等译.9版.上海:上海人民出版社,2013.
[14] [美]唐纳德·N.博塞夫.心理学研究中的伦理冲突[M].苏彦捷等译.重庆:重庆大学出版社,2012.
[15] 高鉴国.社会工作价值与伦理[M].山东人民出版社,2012.
[16] 李文杰,陈浩东.领悟"知情同意"[J].中华现代临床医学杂志,2004(2).
[17] 陈国海.我国心理咨询与治疗的伦理学思考[J].中国医学伦理学,2000(4).
[18] [美]莱恩·斯佩里.心理咨询的伦理与实践[M].侯志瑾译.北京:中国人民大学出版社,2012.
[19] 侯志瑾.学校心理咨询工作中的保密问题[J].中国心理卫生杂志,2003(10).
[20] 李雪梅.东华大学附属实验学校心理咨询案例[Z].上海:东华大学附属实验学校,2015.
[21] 王洪明.中小学心理咨询师专业伦理现状调查[J].思想理论教育,2013(12).